Rosemary Altea

Ils sont toujours près de nous

Traduit de l'anglais par Colette Joyeux

ÉDITIONS FRANCE LOISIRS

Édition du Club France Loisirs,
avec l'autorisation des Éditions Presses du Châtelet.

Éditions France Loisirs,
123, boulevard de Grenelle, Paris
www.franceloisirs.com

ISBN : 978-2-298-07035-4

À ma fille Samantha Jane,
qui est pour moi la plus merveilleuse des enfants
et un miracle béni entre tous.
« Dis-moi si tu m'aimes, est-ce oui ou non... ?
Tu me l'as déjà dit, mais j'ai oublié. »

Première partie

LA VOIX DE DIEU

1

J'aimerais la connaître

La pièce était envahie par la fumée au point que ma vue en était brouillée. Le plus éprouvant était cette odeur abominable, mais je n'arrivais pas à y échapper : je suffoquais et, à mesure que la fumée s'épaississait, les larmes me montaient aux yeux. Malgré mes efforts, je sentais la nausée m'envahir et l'envie de vomir se faisait plus pressante.

Bizarrement, il n'y avait aucun bruit, mis à part le crépitement des flammes qui progressaient à travers la pièce, dévorant tout sur leur passage, et, pendant un bref instant, je sentis la chaleur sur mon visage.

J'avais atteint l'appartement en grimpant l'escalier étroit et, malgré quelques débris calcinés, l'incendie n'avait pas encore trop touché les lieux. J'imaginais donc parfaitement ce qu'on pouvait ressentir, piégée dans un fauteuil roulant, avec pour seule issue un ascenseur en panne… J'avais peur, je me sentais perdue, affolée; je savais qu'elle devait éprouver la même chose car mes sentiments étaient identiques aux siens, la panique qui montait en moi était la sienne, et l'expérience que je vivais en cet instant était aussi la sienne. Nous la partagions !

J'avais fait halte en haut des marches et regardai derrière moi... Pas d'échappatoire de ce côté-là, pensai-je avec tristesse. Prisonnière, jour après jour : dépendante de l'aide des autres, dépendante de leurs visites, dépendante de leurs soins...

En traversant les flammes et en pénétrant au cœur de la fournaise, j'éprouvai les sensations familières de quelqu'un qui se glisse dans la peau d'un autre, dans la vie d'un autre, puis, en un instant, je plongeai encore plus loin en arrière, franchissant le sas du temps et de l'espace, remontant jusqu'à cette époque où il n'y avait ni fumée, ni feu, ni flammes terrifiantes, quand l'appartement était ensoleillé et pimpant. Je me retrouvai dans un petit deux-pièces très soigné, avec une kitchenette, une salle de séjour confortable, une salle de bains facile d'accès, dotée de tous les accessoires nécessaires à un handicapé, et une chambre avec juste assez d'espace pour un lit d'une personne et une penderie ; mais, par la fenêtre, le soleil inondait de sa lumière d'or le couvre-lit, créant une atmosphère chaude et accueillante.

Le lieu était conçu pour une personne seule – une jeune femme handicapée –, et en y jetant un coup d'œil circulaire, je ne fus pas étonnée de voir un fauteuil roulant dans le coin de la pièce. Il donnait des signes de fatigue, et je devinai qu'il avait beaucoup servi.

« J'aimerais la connaître. » La pensée jaillit dans mon esprit sans y être invitée, et à peine l'avais-je émise que je me remis à voyager de plus en plus loin dans le temps, jusqu'à ce que je m'arrête quelques mois en arrière, à une époque où les choses allaient bien – en tout cas aussi bien que possible –, et je la vis, toute petite, comme une enfant, alors que je la savais âgée d'une trentaine d'années, dans son fauteuil roulant, un sourire radieux aux lèvres, écoutant attentivement la jeune femme assise à côté d'elle dans le canapé. Je me rendis compte que cette visiteuse, qui se révéla être sa sœur, était en train de lui raconter une histoire, et je sursautai quand une plaisanterie déclencha chez les deux sœurs un grand éclat de rire inattendu, et que leurs mains se joignirent en un geste affectueux que seuls ceux qui ont éprouvé de tels sentiments peuvent comprendre.

C'était un moment de tendresse, comme elles en avaient déjà tant partagé au fil des ans, et qu'elles étaient sûres – à supposer qu'elles se soient fait la réflexion – de partager encore en de multiples occasions. J'eus le cœur serré car je savais ce qui allait arriver. Je savais que l'une d'elles allait passer le reste de sa vie à se sentir coupable, alors qu'elle n'aurait de toute façon rien pu faire, et je savais que cela lui briserait le cœur.

« Qui donc voudrait être à ma place ? me dis-je égoïstement, tandis que la douleur et les souffrances de ces inconnues me pénétraient l'âme. Il faudrait être fou pour vouloir être dans ma peau ! »

La jeune femme qui occupait l'appartement où je me trouvais avait un lourd handicap moteur de naissance et n'avait jamais pu marcher, ce qui ne l'avait pas empêchée d'être une personne heureuse et optimiste, entourée d'une famille aimante, qui l'avait encouragée à devenir aussi indépendante que possible, et lui avait appris à saisir toutes les opportunités que la vie lui offrait. Et c'est précisément ce qu'elle avait fait !

Dès qu'elle s'en était sentie capable, elle avait insisté pour prendre un logement, assurer son indépendance, trouver un emploi – qu'elle exerçait à domicile grâce à son ordinateur. Elle avait accepté comme seule concession que les membres de sa famille se relaient pour faire les courses et assurer les tâches qui lui étaient inaccessibles.

Ce système avait parfaitement bien fonctionné, jusqu'à ce jour fatal…

Je continuai à les observer pendant un bref laps de temps – en termes de temps terrestre –, mais qui, dans cet autre contexte temporel, dura peut-être une heure ou deux. J'appris à connaître un peu la jeune femme, à cerner l'esprit qui animait son corps terrestre, ainsi que son attitude vis-à-vis de sa sœur et leurs interactions, et je constatai que des liens exceptionnels les unissaient. Cela me rendait heureuse et triste à la fois, car je savais que des souvenirs merveilleux allaient se tisser entre elles, et j'avais le privilège d'en être le témoin en temps réel.

« Mais qui donc n'aurait pas envie d'être à ma place ? murmurai-je, tandis que la joie et le bonheur de ces inconnues envahissaient mon âme. Il faudrait être fou pour ne pas vouloir être à ma place. »

Et je repartis. Je franchis de nouveau le sas du temps, non pas pour revenir au présent, mais juste avant l'incendie, au début de la tragédie.

Elle avait décidé de s'allonger sur son lit pour se reposer pendant que sa sœur faisait les courses. Elle était en panne de cigarettes : fumer était son seul vice... Il ne lui en restait qu'une, qu'elle alluma après son départ. Calée contre les oreillers, la télévision en fond sonore discret, elle s'apprêtait à tirer quelques bouffées...

Mais elle s'endormit. La cigarette fit d'abord un trou dans le couvre-lit et, avant que le feu ne prenne pour de bon, ses poumons affaiblis furent envahis par la fumée, puis elle cessa de respirer. Elle ne sentit pas, contrairement à moi, la chaleur des flammes ; elle n'entendit pas, contrairement à moi, le rugissement du brasier qui engloutit la chambre ; elle ne sentit pas, contrairement à moi, l'abominable odeur de chair brûlée – sa propre chair. Car les anges étaient déjà venus la chercher et l'avaient emmenée en lieu sûr, dans un havre d'amour et de paix.

Revenue au temps présent, au moment où j'avais raconté tout cela à sa sœur et aux autres membres de sa famille, je revis le visage de la jeune femme, son sourire lumineux, sa force, sa détermination et son esprit indépendant. Je la vis debout, plus grande que je ne m'y attendais, le dos droit, les jambes solides... Elle n'était plus dans le fauteuil roulant qui, au cours de sa vie – sa vie sur cette terre, devrais-je dire –, avait joué un rôle dominant. Et la voix de Dieu était là, tout autour de nous !

2

Cette petite voix silencieuse

Elle était mère de deux enfants, mariée depuis vingt-cinq ans, et travaillait à mi-temps dans un cabinet médical. Ses fils, respectivement âgés de seize et dix-huit ans, ne lui laissaient pas une minute de répit, comme c'est souvent le cas avec les adolescents.

C'était une famille de gens ordinaires, menant une vie à la fois satisfaisante, simple et très active, et, comme la plupart d'entre nous, ils considéraient leur situation comme allant de soi.

La spiritualité n'avait pas de place dans leur quotidien, ils n'allaient jamais à l'église, sauf à l'occasion d'un mariage ou d'un baptême, et Dieu ne faisait pas partie de leur existence – bien que Rachel, si on lui avait posé la question, eût sans doute dit qu'elle croyait en Lui. Ils ne croyaient pas non plus au paranormal, aux fantômes, aux revenants, ni en aucune de ces choses auxquelles certains d'entre nous sont sensibles.

C'était un vendredi soir, tard, vers la fin du printemps ; le cadet était couché, l'autre garçon s'était attardé chez sa petite amie. Le couple dormait aussi. Rien d'extraordinaire, si ce n'est qu'à 23 h 30 précises Rachel fut réveillée par un bruit étrange qui la transperça jusqu'au tréfonds de son âme. Elle bondit hors du lit, le cœur battant la chamade, et, tandis qu'elle dévalait l'escalier en trébuchant, elle fut saisie d'une peur terrible et inexplicable. Rachel s'effondra au bas des marches, incapable de se tenir debout – ses jambes s'étaient dérobées sous elle. Et elle savait… elle savait.

Quand le téléphone sonna environ vingt minutes plus tard, Rachel était toujours assise par terre au pied de l'escalier – comme elle le raconta plus tard – attendant l'appel, et quand elle entendit, à l'autre bout du fil, une voix lui annoncer que son fils avait été tué dans un accident de moto vingt minutes plus tôt, elle ne fut pas du tout surprise.

« C'est comme si une voix m'avait appelée du fond de mon sommeil, me dit-elle lors de notre première rencontre, mais c'était une voix familière, que je suis sûre d'avoir déjà entendue, bien que je ne sache ni où ni quand. Et même si la voix semblait résonner dans ma tête, j'avais en même temps l'impression qu'elle m'enveloppait. À cet instant-là, j'ai su de manière absolument certaine, avant que le téléphone ne sonne, que mon fils m'avait été enlevé ; j'ai senti l'impact à l'heure exacte où l'accident s'est produit, et je savais qu'il était mort. »

Rachel est simplement l'une de ces centaines de milliers de personnes ayant vécu ce genre d'expérience. Cet état cognitif n'a rien d'exceptionnel, il advient aux plus simples d'entre nous, mais peut-être pas d'une façon aussi spectaculaire. Les indices sont souvent plus discrets et peuvent facilement passer inaperçus – sauf que, au fond de nous, nous savons que quelque chose d'insolite, d'étrange ou de terrible est en train d'arriver ; nous avons en nous ce sentiment persistant qui semble s'infiltrer et, quels que soient nos efforts, nous ne parvenons pas à nous en débarrasser.

On rêve d'un être cher disparu, et, au réveil, on en garde un souvenir très clair. Le rêve semble réel, c'est comme si l'on avait reçu la visite de la personne en question. On se surprend à dire : « Tout cela n'était qu'un rêve... et pourtant, ça semblait si vrai... Mais ce n'était qu'un rêve. » Et nous continuons indéfiniment à chercher des explications plausibles, en essayant de ne pas tenir des propos délirants, tout en sachant, au plus profond de nous, que le phénomène est bien réel.

Cette petite voix silencieuse, cette connaissance qui refuse de s'effacer, cette voix, est celle de Dieu ; c'est la voix de nos anges, de nos chers disparus qui essaient d'entrer en contact avec nous, de nous guider et de nous montrer qu'ils sont là, à notre disposition.

Ce n'est pas une manifestation uniquement réservée aux plus sensibles ou aux plus éveillés spirituellement ; ou à ceux d'entre nous qui méditent, sont religieux ou dévots. C'est un phénomène dont nous sommes tous, d'une manière ou d'une autre, capables de faire l'expérience – et il existe un certain nombre de raisons à cela.

Combien d'entre nous ont déjà entendu cette petite voix silencieuse qui semble vouloir nous guider ou nous dire quelque chose ? Combien ont vu les signes émanant du monde des esprits ? Combien ont reçu de l'aide par les voies les plus inattendues, quand ils en avaient désespérément besoin ? Je crois que la réponse à toutes ces questions est : nous tous.

Nous recevons si souvent des conseils de la part de ceux qui sont dans le monde des esprits, sous forme de signes ou d'intuitions, sans même nous en rendre compte – ou, dans le cas contraire, nous pensons que notre imagination nous joue des tours.

Vous décidez par exemple un jour, sur un coup de tête, d'aller dans un restaurant où vous n'êtes pas retourné depuis des années, et vous tombez justement sur une personne que vous n'avez pas vue depuis des lustres, mais à qui vous n'arrêtiez pas de penser. Est-ce une coïncidence ?

Ou vous partez par inadvertance dans la mauvaise direction et perdez votre chemin, et vous vous retrouvez pourtant au bon endroit à la bonne heure. Se pourrait-il, là encore, qu'il s'agisse d'une coïncidence ? En rentrant chez vous, vous faites halte au supermarché, sans nécessité particulière, et vous évitez ainsi l'accident dans lequel vous auriez sans nul doute été impliqué. Là aussi, ce serait une coïncidence ?

Personnellement, je n'y crois pas. Je pense que chaque action, chaque interaction, fait partie d'un plan divin et que toutes ont des conséquences. Mais je ne veux pas dire par là que nous sommes des marionnettes dansant sur une musique composée par la main de Dieu, dénuées de toute intention propre. Je crois que nous avons notre libre arbitre, et que nous pouvons l'exercer chaque jour, d'une manière ou d'une autre.

Je pense que l'exercice de ce libre arbitre consiste, entre autres choses, à décider d'être attentif – ou non – à cette petite voix silencieuse qui résonne en nous et à notre capacité à « voir ».

Je suis convaincue que nous naissons tous en ayant conscience de notre âme, que nous sommes tous doués d'une sensibilité à ces forces extérieures qui nous environnent. La plupart d'entre nous – notamment les plus sensitifs – ont juste envie d'être comme tout le monde : normaux. Nous avons l'impression qu'en adoptant un comportement généralement considéré comme inhabituel, en exprimant notre sensibilité, nous serons accusés de bizarrerie.

« Le problème, avec toi, c'est que tu es trop sensible. » Je sais que cette remarque concerne nombre d'entre vous. Elle émane toujours de quelqu'un qui, dans un contexte donné, fait preuve d'un manque flagrant de sensibilité, et qui soit ne se rend pas compte de sa propre insensibilité, soit refuse simplement de se montrer sensible, par crainte de voir les autres profiter de ce qui passe pour de la faiblesse.

Mon expérience m'a appris que la sensibilité et la sensitivité sont parmi nos plus grandes forces. Elles nous donnent un pouvoir et une vision de ce que nous sommes, ainsi que les raisons de notre existence sur cette incroyable planète Terre. La sensibilité nous permet de nous lier d'une manière ou d'une autre à ceux qui nous sont chers, à ceux qui nous ont quittés ; notre sensitivité nous aide à comprendre nos propres capacités médiumniques (aptitudes que nous avons tous à des degrés divers) et à nous y connecter.

Chacun, j'en suis convaincue, est doté dès la naissance d'un sens inné du savoir, d'un lien à Dieu et à l'univers. Chacun a en lui cette petite voix silencieuse, mais la plupart d'entre nous ignorent comment y avoir accès, et même lorsque la connexion a lieu, nous avons du mal à y croire ou à la prendre en compte. Pourtant, tant de choses merveilleuses peuvent se produire – et se produisent effectivement – dès lors que nous osons faire confiance à notre nature instinctive.

Écouter sa nature instinctive est une affaire de confiance : il faut apprendre à faire confiance à soi-même, au monde des esprits et au processus.

Dans ces moments de la vie où nous avons un poids sur le cœur et où nous avons besoin d'une réponse, si nous faisons silence et que nous commençons à être attentifs à ce que nous ressentons au plus profond de nous, que nous nous mettons à écouter la voix de notre âme, de notre nature instinctive, alors la réponse à notre dilemme nous est révélée... La réponse, nous la sentons : nous savons comment régler notre problème, même si ce que nous savons devoir faire consiste précisément à ne rien faire.

Si quelque chose dans notre existence ne sonne pas juste, qu'il s'agisse de notre travail, de nos liens, ou d'un souci concernant notre famille ou nos amis, il suffit de s'asseoir quelques minutes en silence et de tourner un regard intérieur sur notre problème, sans angoisse ni émotion qui brouille l'esprit. Nous entendrons alors cette petite voix silencieuse nous parler et nous guider vers une solution… Nous la percevrons et la reconnaîtrons.

De nombreux individus engagés dans des relations où ils sont victimes de violence ont trop honte ou trop peur pour instaurer les changements nécessaires, mais ils ont souvent une perception intérieure, un instinct qui leur dit et leur répète que s'ils osaient, s'ils se faisaient confiance, ils auraient le pouvoir de tout changer. D'autres, subissant également la brutalité, « savent » – avec une certitude qui ne peut venir que de cette connexion intuitive et instinctuelle qu'ils ont avec leur âme, avec cette petite voix intérieure qui les prévient du grave danger encouru. Certains, comme la femme dont l'histoire va suivre, savent qu'ils seront, un jour ou l'autre, assassinés par leur persécuteur, quelles que soient leurs tentatives pour modifier le cours des choses. Et l'on aura beau user de persuasion, de raisonnement ou de promesses de protection, cela ne changera rien à leur certitude. L'exemple que voici illustre parfaitement mon propos.

Ce récit concerne une jeune femme – appelons-la Bethany – mariée depuis plus de cinq ans – période au cours de laquelle, dans l'ensemble, le couple fut heureux. Elle n'avait jamais vraiment prêté attention à ces moments où son mari se mettait tout à coup en colère – généralement pour des broutilles – ou semblait perdre son sang-froid sans raison apparente. Après tout, se disait-elle souvent, ses accès de colère, ses agressions verbales soudaines et incontrôlables n'étaient que passagers : il explosait, hurlait et s'excusait l'instant d'après. Elle trouvait des excuses à sa mauvaise conduite : le stress du travail, de la famille qui, pensait-elle, ne comprenait pas toutes les pressions qu'il subissait, etc. ; elle lui pardonnait parce qu'elle l'aimait et avait le sentiment d'être la seule à le comprendre.

Totalement sourde à ses intuitions, aveuglée par son besoin de réussir sa vie de couple, et refusant d'être considérée par ses amis et sa famille comme une incapable, elle s'efforçait d'ignorer cette petite voix intérieure, silencieuse, qui lui disait que quelque chose clochait ; elle s'efforçait de la repousser jusque dans les coins les plus reculés de son esprit. Et cela fonctionnait : ils étaient heureux, et si quiconque tentait de lui suggérer que son mari dépassait un tant soit peu les bornes, Bethany refusait obstinément d'écouter cette petite voix, malgré ses efforts pour se faire entendre.

Elle disposait de son libre arbitre, pouvait choisir d'écouter ou d'ignorer la voix. Et Bethany choisit de nier, encore et encore.

Puis un beau jour, un jour de joie et de bonheur, Bethany annonça à son mari qu'elle était enceinte. Elle était si excitée et si enthousiaste à la perspective de devenir mère qu'elle ne remarqua pas son regard sombre, son sourire crispé et la froideur qu'il lui manifesta à partir de ce moment-là. Elle refusa de voir une vérité qui crevait les yeux... Mais les intentions horribles de son mari ne tardèrent pas à transparaître de manière très claire.

Au début, les coups étaient imprévisibles, et son mari se confondait ensuite en excuses ; il la suppliait de lui pardonner et, usant de tous les bons vieux prétextes, lui jurait chaque fois que cela ne se reproduirait plus. Mais il ne lui fallut guère de temps pour passer de la repentance aux tabassages, de plus en plus graves et bientôt quotidiens.

Bethany, dont la grossesse était de plus en plus flagrante, dut affronter le fait que son mari cherchait à lui faire perdre le bébé, et c'est à ce moment-là, à mesure que le besoin instinctif de protéger son enfant commençait à faire surface, qu'elle finit par écouter la voix de son âme.

Quelle que fût la fréquence des raclées, Bethany faisait en sorte de dissimuler toute trace de coup trop facilement repérable, et le bébé tint bon dans le ventre maternel. Elle devint peureuse, commença à s'isoler, à se couper d'une grande partie de ses amis et de sa famille. Ne voulant pas qu'on fût témoin de son échec personnel et conjugal, elle s'accrochait, comme beaucoup de femmes battues, à la croyance qu'à la naissance du nourrisson les choses redeviendraient comme avant. Mais à présent, sa voix intérieure se faisait forte et limpide, elle l'entendait résonner, et ne pouvait plus ignorer ce qu'elle lui disait.

« Trop tard, trop tard, trop tard... »

À huit mois de grossesse, dans un état de désespoir total, Bethany finit par se confier à une amie, qui essaya de la persuader de quitter son mari. Tout en sachant que la situation était sans issue et qu'il finirait par la tuer, Bethany, après avoir de nouveau parlé à son amie, et malgré sa terreur, se laissa finalement convaincre. Mais elle savait, son âme savait, que la fin était proche.

Quinze jours plus tard, on découvrit le corps de Bethany chez elle, dans sa cuisine. Son mari était là, assis à côté d'elle, attendant calmement l'arrivée de la police. Il n'avait nullement l'intention de fuir : il reconnut le meurtre de sa femme ; son acte ne lui inspirait aucun remords, et il était convaincu – c'est ce qu'il déclara – que sa femme ne lui avait laissé aucun autre choix.

Une question demeure : les choses se seraient-elles passées différemment si Bethany avait été plus attentive à son être intuitif ? Aurait-elle pu empêcher son propre assassinat et celui de son bébé ?

Lorsque je parlai à Bethany, plusieurs mois après son meurtre, je ne constatai de sa part ni colère ni ressentiment pour avoir vu son existence interrompue si prématurément, ni de déception pour son bébé et la vie qu'il n'avait pas eue – ou dirais-je plutôt pour la vie qui aurait pu être la sienne sur cette terre. Bethany m'apparut nimbée d'un halo de lumière si vive que, tout d'abord, j'eus peine à la distinguer. Cette lumière s'accompagnait d'un sentiment très intense d'amour et de paix, et, après quelques minutes, elle s'avança vers moi et je la vis plus nettement :

elle tenait tendrement son enfant dans ses bras, un petit garçon si beau, si plein de vie ; le sourire de Bethany, tandis que je transmettais ces informations à sa famille, était magnifique. Elle ne souhaitait rien de plus qu'entrer en communication avec eux par mon intermédiaire. Leur apprendre que son bébé était né, qu'elle allait bien, était en bonne santé, et qu'ils étaient vraiment heureux ensemble lui apporta la paix dont elle avait tant besoin, et cet apaisement était manifeste.

« Si seulement j'avais écouté, me dit Bethany. Si seulement j'avais écouté. L'issue aurait été identique car mon heure était venue, et mon bébé n'était pas destiné à voir le jour sur le plan terrestre, mais si j'avais écouté la voix de Dieu en moi, je n'aurais pas eu une telle peur de la vie. Si j'avais reconnu la présence de Dieu en moi, je n'aurais pas été aussi désespérée ; je ne me serais jamais à ce point vue comme l'image même de l'échec, si je m'étais rendu compte qu'aux yeux de Dieu j'étais l'image même de la réussite. »

3

Par la grâce de Dieu

Il y a bien longtemps, alors que je n'avais guère plus de douze ou treize ans, j'étais très impliquée dans les activités de l'Église baptiste – l'Église du Christ – là-haut sur la colline, tout près de chez moi. Les responsables, le pasteur, les enseignants de l'école du dimanche, étaient tous assez formidables, et dévoués à notre éducation spirituelle, ils étaient, à de rares exceptions près, de très agréable compagnie.

Il y avait parmi eux deux sœurs, toutes deux restées demoiselles, qui s'occupaient des enfants et des activités de l'école du dimanche. L'aînée se prénommait Joan, la cadette Betty. On les appelait les « sœurs Burkett » et tout le monde les adorait. Joan était la plus intimidante, et Betty, responsable de mon éducation religieuse, était la première à s'amuser et la plus douce des deux.

Au moins deux ou trois fois par an, les sœurs Burkett organisaient une fête à leur domicile – une grande demeure victorienne très impressionnante, avec un magnifique escalier que nous pouvions descendre en glissant à califourchon sur la rampe, et des boiseries de chêne sombre ornant les murs de toutes les pièces –, et elles y invitaient tous les enfants qui fréquentaient l'école du dimanche. Nous faisions généralement un pique-nique, où nous mangions toutes sortes de mets délicieux, et cela se poursuivait toujours par des glaces, de la gelée et du gâteau, puis, pour clore le festin, par des histoires. La plupart du temps, elles étaient tirées de la Bible, et même si nous les avions déjà entendues maintes fois, elles continuaient à nous fasciner. Un jour – mémorable entre tous – Betty Burkett s'assit pour nous raconter une histoire. Tous les autres enfants, plus petits, étaient avec sa sœur Joan dans une autre aile de la maison, nous n'étions donc qu'une poignée de « grands », installés par terre, impatients d'écouter Betty.

Tout commença avec la question posée par l'un des enfants : « Comment savoir que Dieu existe ? », et c'est ainsi que s'entama le débat. Chacun avait son idée, et la plupart finirent par conclure que nous savions que Dieu existait parce que nos parents et nos maîtres nous l'avaient dit. La question suivante fut : « Mais eux, comment le savent-ils ? », et le dialogue se poursuivit sans conclusions notables, jusqu'à ce que Betty déclare qu'elle avait une histoire à nous relater, qui pourrait se révéler d'une utilité et d'un intérêt certains au cas où nous douterions un jour de notre foi.

« C'est une histoire vraie, commença-t-elle, et je sais qu'elle est vraie parce qu'elle m'est arrivée il y a quelques années, mais je ne la raconte pas si souvent, car bien des gens refuseraient de me croire. Cela concerne une voix que j'ai entendue, une voix dans ma tête, mais si puissante et si claire que je ne pouvais rien faire d'autre que lui obéir et faire tout ce qu'elle me disait.

J'étais à la maison, par une chaude journée de juillet, où il était plus agréable de rester à l'intérieur, dans la fraîcheur du salon, et c'est là que je l'ai entendue. Je savais que la voix résonnait dans ma tête, mais elle était si nette et si forte que j'ai regardé autour de moi pour voir de qui il s'agissait.

— Va chercher de la glace, prends ton vélo et monte à l'église, disait la voix.

En fait, dit Betty, l'idée était si saugrenue que je l'ai chassée d'un hochement de tête, pensant que je subissais l'effet de la chaleur. Mais la voix se manifesta de nouveau, plus forte et un peu plus insistante, me sembla-t-il.

— Va chercher un sac de glace, monte sur ton vélo et grimpe jusqu'à l'église.

Cette fois-ci, je fus très secouée et, de toute évidence, ce n'était pas un effet de mon imagination, mais je restai figée dans le fauteuil, ne sachant trop que faire. Puis, avant d'avoir le temps de réfléchir plus avant, j'entendis de nouveau la voix, qui semblait à présent beaucoup plus pressante et insistante.

— Va chercher de la glace, monte sur ton vélo et grimpe jusqu'à l'église. »

Comme vous pouvez l'imaginer, ceux d'entre nous qui écoutaient cette histoire étaient sous le charme, osant à peine respirer, tandis que Betty poursuivait son récit.

« J'ai bondi et suis allée dans la cuisine, j'ai attrapé dans le congélateur un sac rempli de glace, couru jusqu'à mon vélo, lancé le sac de glace dans le panier du porte-bagages, et me suis mise à pédaler aussi vite que mes jambes me le permettaient. L'église était à cinq bons kilomètres de chez moi, mais j'ai grimpé la côte à toute allure, le cœur battant la chamade. Au bout d'environ trois kilomètres, une femme est sortie en trombe d'une des maisons qui bordaient la route, juste à ma hauteur, hurlant qu'il lui fallait de la glace, et demandant si quelqu'un en avait… Et j'ai de nouveau entendu la voix. Elle me disait que j'étais arrivée, et j'ai eu l'impression que quelqu'un dirigeait mes pas, m'incitant à ranger la bicyclette au bord de la route – et je me suis entendue dire : " Voilà, voilà, je l'ai, votre glace ! " »

Betty nous raconta ensuite que la glace avait sauvé la vie du mari de cette femme, victime d'un terrible accident.

« Sans cette glace, et si je n'avais pas fini par écouter la voix et suivre ses indications, son mari serait mort, cela ne fait aucun doute. »

« C'était la voix de qui, à votre avis ? », avons-nous demandé à Betty, en murmurant sous le coup de l'émotion, et sa réponse fusa sans hésitation :

« Mais voyons, dit-elle en souriant, c'était la voix de Dieu, la voix de mes anges, cette petite voix silencieuse qui est en moi, et en nous tous… Depuis ce jour-là, je l'ai toujours écoutée ! »

Ce n'est pas la première fois que je rapporte l'histoire que m'a racontée ma maîtresse de l'école du dimanche, Betty Burkett. Mais cette histoire a eu un tel impact sur ma vie que j'ai cru utile de la raconter une fois de plus.

Mais ne vous méprenez pas : il faut du courage pour écouter cette voix qui résonne en nous, et nous laisser guider par elle. Il faut du courage pour défendre ses croyances, sa foi. Il faut du courage pour prendre notre propre défense et celle de ceux qu'on aime. Il faut aussi de la foi. Le courage requiert souvent de notre part une foi – la foi dans le fait que ceux qui sont passés dans le monde des esprits sont toujours là, présents pour nous, qu'ils nous guident, nous montrent la voie et nous apportent soutien, encouragement et amour. Nous avons tous besoin de franchir ce cap de la foi et de la confiance en tout ce processus, et d'être certains d'obtenir exactement ce dont nous avons besoin quand nous en avons besoin. Il se peut que nous n'ayons pas toujours ce que nous souhaitons avoir dans cette vie, mais nous recevrons toujours exactement ce dont nous avons besoin.

Dieu et nos anges s'adressent souvent à nous, et il y a de nombreuses raisons à cela. L'une d'elles peut être que nous avons besoin d'une leçon de patience, besoin d'apprendre qu'il ne faut pas vouloir forcer la résolution d'un problème particulier qui se pose à nous, même si nous en avons envie. D'autres raisons peuvent tenir au fait que nous sommes malades, ou endeuillés, ou que nous nous sentons seuls. Cette voix de Dieu en nous se manifeste de diverses façons ; elle passe parfois par une impression, la sensation de quelque chose qui nous dépasse, parfois nous recevons un signe, un petit rien, une plume à nos pieds, une petite pièce de monnaie, ou un oiseau qui cogne du bec à notre fenêtre ; il arrive parfois que certains d'entre nous perçoivent réellement une présence à leurs côtés, bien que personne ne soit visible à leurs yeux.

Dans ces moments-là, si nous faisons confiance au processus, au plan divin et à nos propres instincts, Dieu peut alors nous guider.

Bien sûr, il faut savoir remettre en question nos instincts, notre imagination. Mais quand cette petite voix cherche à nous dire quelque chose, si nous y sommes attentifs, elle est si insistante qu'aucun doute n'est permis.

J'ai eu dans ma vie le grand privilège d'entendre la même petite voix que celle dont avait parlé Betty Burkett. J'ai cru à son histoire quand j'étais petite fille, car elle me l'avait contée avec une grande sincérité ; et j'y crois encore car j'ai fait des expériences personnelles, eu mes propres preuves. Les livres que j'ai publiés relatent d'innombrables histoires de ce genre où je suis impliquée, dont certaines – comme celle de Betty Burkett – sont simplement si stupéfiantes qu'elles ne peuvent être que vraies.

Chaque fois que j'ai vécu de tels phénomènes, il m'a fallu faire preuve d'un certain courage. Par exemple, quand je me suis retrouvée seule pour la première fois sur une scène devant une salle comble – et ces personnes, qui avaient tellement entendu parler de moi, étaient venues avec une telle attente ! J'étais terrifiée et je restais assise là, figée, incapable de quitter ma chaise, persuadée que mes jambes ne me porteraient pas. J'ai alors senti la présence d'Aigle Gris, debout, à mes côtés...

Je ne le voyais pas, mais j'ai senti sa main se poser sur mon coude, ses doigts entourer mon bras lorsqu'il m'a aidée à me lever et m'a accompagnée jusqu'au micro. À la dernière minute, j'ai senti mes genoux fléchir, mais le contact s'est fait plus ferme, et c'est à ce moment-là que j'ai osé croire, j'ai osé la confiance, j'ai osé avoir foi en mes convictions.

À une autre occasion, à mon réveil, je me suis retrouvée face à deux hommes qui se tenaient sur le seuil de ma chambre, bien visibles sous le lustre allumé de l'entrée. C'était si terrifiant que mon cri est resté dans ma gorge, et en cette seconde précise de peur abominable, j'ai « su » instinctivement que j'étais en présence de deux « fantômes » ou, plus exactement, de deux hommes appartenant au monde des esprits. Bien sûr, j'étais toujours effrayée, mais ma foi en Dieu et en Aigle Gris m'a permis de surmonter cette terreur et de leur demander ce qu'ils voulaient. J'ai osé croire, j'ai osé la confiance, j'ai osé avoir foi en mes convictions.

Le phénomène consistant à « voir » quelqu'un entrer dans ma chambre alors que je suis couchée, le voir passer de l'autre côté du lit, soulever les draps et s'y glisser, « sentir » sa jambe contre la mienne, tandis que je suis allongée, le cœur battant la chamade, trop effrayée pour bouger ou parler, et trouver finalement le courage de me redresser, faire face à l'intrus (quel qu'il soit) et lui demander qui il est et ce qu'il fait là, avant de m'apercevoir qu'il n'y a personne : est-ce plus terrifiant ? Oui et non : cela l'effrayait de constater que ceux de l'autre monde pouvaient avoir l'air si « humains »; mais j'avais moins peur car j'avais appris qu'il existe une raison aux événements, et ma foi en cette idée ne pouvait que me rendre plus forte. Là encore, j'ai osé croire; j'ai osé la confiance ; j'ai osé avoir foi en mes convictions.

Vous pensez peut-être qu'à chaque nouvelle expérience de ce phénomène, cela devient de plus en plus facile pour moi. Vous auriez tort de le croire. Il est toujours difficile d'être différent, d'être taxé d'excentricité. Nous voulons tous nous intégrer, être acceptés par notre famille et nos amis, être considérés comme des êtres normaux, et il faut du courage pour vivre cette différence. Mais lorsque j'ai osé croire, faire confiance, et donc eu le courage d'agir en conséquence, puis lorsque j'ai osé manifester cette foi, j'ai été sauvée à chaque fois. Et peut-être – c'est à espérer –, en une ou plusieurs occasions, comme ma maîtresse Betty Burkett, ma merveilleuse inspiratrice, ai-je été capable à travers mes actions de sauver d'autres vies.

Parfois, Dieu s'adresse à nous et agit afin que notre intuition intime et notre capacité à entendre Sa voix nous protègent d'un danger. L'histoire suivante est un parfait exemple de Sa grâce salvatrice.

Un de mes amis, Ray, grand amateur d'antiquités, a commencé dès son jeune âge à collectionner les objets les plus insolites. Chaque weekend, il épluchait les annonces et, même s'il n'avait pas beaucoup d'argent, il assistait toujours aux ventes aux enchères, au fond de la salle, à l'affût de tout. C'était un amateur insatiable.

Ce passe-temps l'avait un jour amené à rencontrer un homme de son quartier qui tenait une brocante. Ray avait lu dans un journal local une petite annonce intrigante et s'était rendu sur place pour fouiner, comme se plaisent à le faire tous les collectionneurs.

Ray était naïf à bien des égards ; c'était alors un grand jeune homme au teint frais, aux cheveux blonds et rebelles qui lui tombaient dans les yeux. Sensible et timide, plutôt solitaire et maladroit, il manquait souvent d'assurance et avait du mal à se faire des amis de son âge.

L'antiquaire sympathisa tout de suite avec lui et encouragea Ray à venir farfouiller chaque fois qu'il en aurait envie ; lui aussi était apparemment un collectionneur d'objets insolites, et tous deux semblaient partager de nombreux points communs.

Le magasin était rempli d'objets poussiéreux de toutes sortes, et il était étonnant qu'on puisse y dénicher quoi que ce soit, mais son propriétaire avait l'air de savoir exactement où les choses se trouvaient – et il les trouvait effectivement sans difficulté. Cependant, il entreposait ses pièces les plus précieuses dans plusieurs vitrines fermées, toujours bien fournies et d'une propreté irréprochable.

Dès sa rencontre avec le brocanteur, Ray se sentit mal à l'aise en sa présence, tout en étant flatté de l'attention qu'il lui portait. Il n'arrivait pas à cerner les raisons de sa nervosité, d'autant plus que l'homme se montrait chaleureux et amical. Ray percevait en lui quelque chose d'étrange, sans pouvoir le nommer, mais il était si intrigué par ces merveilleux trésors qu'il avait du mal à ne pas y aller. Pourtant, chaque fois qu'il s'y rendait, il veillait à ne pas laisser le brocanteur l'approcher de trop près, et, bizarrement, il prenait toujours soin de ne jamais lui tourner le dos.

Au cours d'une de ses visites, en regardant dans une vitrine, Ray aperçut une série de petits crânes d'allure ancienne, jaunis par le temps, qui lui semblèrent de style oriental. Le brocanteur devina son intérêt et lui proposa de les regarder de plus près. Sur le ton de la plaisanterie, il précisa qu'il ne s'agissait pas, bien sûr, de crânes humains ; puis il ajouta, avec un sourire malin, que s'il voulait passer dans l'arrière-boutique, il pourrait lui montrer un crâne humain – s'il avait envie d'en voir un. Ce n'était pas la première fois qu'il y invitait Ray mais, malgré la curiosité qu'éveillait en lui son contenu, on aurait dit, comme il me l'expliqua plus tard, que quelque chose ou quelqu'un lui enjoignait de ne pas y aller. En réalité, son sentiment d'inquiétude et de grande étrangeté lié à la boutique s'accentua encore à cette occasion.

« Il y avait toujours chez lui quelque chose qui me mettait mal à l'aise, qui me faisait peur et dont je me méfiais, me dit Ray en racontant son histoire. Il était... comment dire, il était tout simplement terrifiant », me confia-t-il en cherchant ses mots.

À partir de ce jour, Ray ne remit plus jamais les pieds dans la boutique ; et ce n'est que quelques années plus tard, devenu étudiant, alors qu'il était en vacances chez ses parents, qu'il eut vent du scandale à la une de toute la presse nationale. Le brocanteur, soupçonné de meurtres, venait d'être arrêté.

L'affaire des jeunes gens assassinés devint célèbre et fit même l'objet d'un livre et d'un film. Cet homme avait, des années durant, attiré de jeunes garçons timides et maladroits, qu'il entraînait, sous un prétexte amical, dans son arrière-boutique, où il versait un somnifère dans leur thé, pour les violer et les assassiner sauvagement. Il les enterrait ensuite dans la cave ou dans le jardin, derrière le magasin... Personne n'a su le nombre exact de victimes, mais lorsqu'on les découvrit, il fut impossible d'identifier les corps décomposés, entassés les uns sur les autres ; on sait en revanche que leur nombre défiait l'entendement.

Assurément, la grâce de Dieu accompagnait Ray – ses anges étaient aussi présents à ses côtés ; il a su être attentif à ses sensations intuitives et prêter l'oreille à cette petite voix intérieure ; il s'est laissé guider par ses anges gardiens qui veillaient certainement sur lui, et, par la grâce de Dieu, a échappé à un horrible sort.

Des années plus tard, Ray est devenu un collectionneur d'art confirmé et travaille parmi ses antiquités adorées. Il vit depuis plus de vingt ans avec un compagnon merveilleux; Ray est un membre actif de sa communauté et s'implique dans le financement de nombreux projets. Il est resté timide et quelque peu maladroit, mais pas autant que dans sa jeunesse. Il est un peu gêné quand il s'agit de faire part de ses sentiments et, oui, il prête toujours une grande attention à cette petite voix silencieuse en lui, qu'il comprend aujourd'hui pleinement et, m'a-t-il dit, l'a sauvé plus d'une fois – cette petite voix qui, vous l'aurez sans doute deviné, l'a finalement conduit jusqu'à moi.

Deuxième partie

MON GUIDE
EST NOTRE GUIDE À TOUS

1

Aigle Gris, mon guide

Ses paroles de sagesse dépassent à mes yeux les limites de la croyance et de l'inspiration. Elles m'ont guidée et maintenue sur la voie, malgré l'intense désir que j'ai eu, parfois, de m'en écarter.

Sa présence dans ma vie – mon existence terrestre – dure depuis plus de trente ans, plus longtemps que la plupart des mariages, et notre relation a connu des problèmes, comme dans bien des unions. Mais contrairement à nombre de conflits conjugaux, leur origine fut tout à fait unilatérale… Autrement dit, la faute, et tout le blâme susceptible d'y être associé, n'incombe qu'à moi et à moi seule.

Dès la première rencontre avec mon esprit guide, je fus profondément impressionnée par sa puissance et sa douceur. Cela ne faisait guère plus de trois ou quatre mois que je travaillais en tant que médium et j'avais conscience d'une présence à mes côtés depuis plusieurs semaines, sans parvenir toutefois à l'identifier. J'ai tout d'abord pensé à mon père, et vite écarté cette idée. J'ai ensuite songé à mes ancêtres, les grands-parents et arrière-grands-parents que je n'avais jamais connus, et me suis demandé s'il pouvait s'agir de l'un d'entre eux. Je n'avais jamais, même dans mes rêves les plus fous, voulu ni attendu un esprit guide ; tout le monde dirait qu'il était inventé de toutes pièces, né de mon imagination délirante ; c'est pourtant ce qui est arrivé : un guide sous les traits d'un Apache, ni plus ni moins !

Pour *The Eagle and the Rose* [1], j'ai raconté dans quelles circonstances Aigle Gris est entré dans ma vie. C'était mon tout premier livre, publié en 1998, et, chose étonnante, il est toujours en rayon dans les grandes librairies. Mais je n'ai jamais évoqué les aspects les plus personnels et intimes de notre relation qui, comme je l'ai dit, s'apparente à un mariage, et est donc exposée à tous les problèmes auxquels la plupart des unions sont confrontées.

Qu'il me soit tout d'abord permis de vous dire à quel point il est beau : grand, de large carrure, des cheveux noirs tombant sur ses épaules, des yeux en amande de la plus étrange couleur, un gris teinté de vert et de brun.

Il a une façon unique de serrer la mâchoire lorsqu'il doit me dire une chose importante, à laquelle je dois prêter attention, et quand il adopte cette expression, son regard me transperce jusqu'au cœur. Lorsqu'il est plein de douceur, surtout dans les moments où il m'aide face

1. *L'Aigle et la Rose : A Remarkable True Story*, Warner Vision, 1996.

à un parent qui a perdu son enfant, ou quand je le vois en compagnie des enfants qui, depuis le monde des esprits, essaient par son intermédiaire d'entrer en contact avec un être aimé sur cette terre, je suis impressionnée par sa patience et l'attention qu'il met à nous dispenser un tel amour. Ses yeux se font tendres, des larmes perlent, ses lèvres s'adoucissent en un demi-sourire plein de tendresse et la lumière divine inonde son visage. Son énergie est alors extrêmement puissante et enveloppe en même temps toutes choses dans son amour et sa beauté.

Lorsque nous travaillons en groupe ou face à un public, Aigle Gris est un vrai professionnel. À la fois ferme lorsqu'il me guide et me mène là où je dois aller, et plein de compassion lorsqu'il aide ceux du monde des esprits à me raconter leur histoire. Si, en cours de séance, je ne lui accorde pas assez d'attention, il arrive parfois qu'Aigle Gris insiste fermement, au point de me pousser réellement à agir comme il estime que je le devrais. Je sens alors sa main au milieu de mon dos lorsqu'il me donne une bonne pression dans la direction requise.

À plusieurs reprises, il m'est arrivé de perdre patience ou de m'inquiéter en voyant mon auditoire plonger dans l'ennui, car j'avais consacré trop de temps à une personne qui ne semblait pas saisir le message que je lui adressais, ce qui m'incitait à passer à quelqu'un d'autre. Une telle décision – ainsi que je l'ai appris – me vaut à chaque fois un petit coup de pied aux fesses, doux mais ferme, qui me remet sur le droit chemin.

Le fait que je puisse toujours compter sur sa présence à mes côtés lorsque je travaille me donne la force et le courage de faire face, quelle que soit la scène où je me produis, d'entrer dans n'importe quel studio de télévision, ou d'affronter puis de résoudre n'importe quelle situation qui se présente. Je suis comme Daniel dans la fosse aux lions : je prie pour faire preuve de courage, et j'espère ne pas être dévorée vivante.

Au cours des trente dernières années, je me suis retrouvée à maintes reprises face à un auditoire en me sentant soit trop mal en point physiquement, soit trop épuisée émotionnellement pour « assurer ». Pourtant, d'une manière ou d'une autre, la magie d'Aigle Gris fonctionne : il m'amène avec douceur et détermination à faire l'impossible et, paraît-il, l'impossible se révèle toujours réalisable et efficace.

Je me souviens d'une journée en Italie, où mon emploi du temps était terriblement chargé. J'avais participé à trois émissions télévisées, suivies d'une interview pour un journal, et une conférence était prévue l'après-midi, avant une dédicace dans la soirée.

Je m'étais réveillée ce matin-là avec une forte migraine, probablement due à tous mes déplacements, et mon premier réflexe avait été de lancer une prière, où je demandais de survivre à cette journée. J'ai immédiatement vu Aigle Gris, et j'ai su que tout se passerait bien.

Lors des émissions, les présentateurs firent preuve d'une grande amabilité et d'un vif intérêt pour le sujet, ce qui n'est pas toujours le cas, et l'interview fut des plus agréables.

Après un rapide déjeuner, nous avons rejoint le lieu de la conférence. Ma migraine avait miraculeusement disparu, et la promenade à pied jusqu'à l'auditorium fut aussi merveilleuse que l'accueil chaleureux du public. On m'avait signalé que le planning était très serré et qu'il ne fallait pas dépasser l'horaire prévu car les organisateurs, mon formidable agent de chez Sperling & Kupfer ainsi que tous les assistants avaient appris que des centaines de personnes attendaient à la librairie pour me rencontrer.

Bien sûr, tout en comprenant ces obligations, je devais également être attentive à ceux qui assistaient à ma conférence, et leur donner le maximum. Je laissai donc sans hésitation le soin des contraintes de temps entre les mains d'Aigle Gris, confiante dans le bon déroulement des événements.

La conférence fut un succès et je pus transmettre de nombreux messages venus du monde des esprits, mais à mesure que je faisais mieux connaissance avec les membres du public, je m'aperçus que nombre d'entre eux avaient perdu leur(s) enfant(s) et qu'il n'y avait tout simplement pas assez de temps pour donner à tous ce dont ils avaient désespérément besoin : des signes de leurs chers disparus. C'est alors que le mal de tête se fit de nouveau sentir, montant lentement de la base du cou jusqu'à menacer d'exploser sous la forme d'une vraie migraine. Et les signes que me faisaient les organisateurs m'invitant à clore la séance n'arrangeaient rien. Il fallait que je m'arrête... mais comment ? Je voyais les visages ravagés des parents, venus là pleins d'espoir, qui se retrouvaient, leur semblait-il, dans une situation désespérée.

Je pris une longue respiration et « risquai le coup »; sans garantie de résultat, et contre l'avis des organisateurs, fort inquiets d'avoir à faire face à une véritable émeute à la librairie si nous n'arrivions pas vite, je demandai à l'ensemble des participants s'ils voulaient bien m'accorder trente minutes avec les parents en deuil. Certains auditeurs auraient été déçus et contrariés par cette suggestion, désireux que ce temps leur soit consacré. Mais ce jour-là, le public fut merveilleux, incroyablement dépourvu d'égoïsme, désireux de participer à quelque chose de très spécial, et reconnaissant de pouvoir rester et écouter.

Cependant, ma migraine faisait rage; je demandai aux parents qui n'avaient pas encore reçu de message de s'approcher et de s'asseoir aux premiers rangs; la chaleur me montait au visage et mes yeux commençaient à se fermer sous l'effet de la douleur.

Je respirai profondément, la tête sur le point d'exploser. Tous les parents s'avancèrent et nous fûmes bientôt prêts à commencer. Je pris une nouvelle inspiration et demandai à mon guide de m'aider à traverser cette épreuve; je ne tardai pas à apercevoir, en regardant en diagonale, une petite fille de quatre ans, passée dans l'autre monde mais toujours sur les genoux de son père. Je sentais le sang bouillonner dans mes oreilles et l'effort que je faisais pour rester calme et détendue accélérait les battements de mon cœur.

Je réclamai une chaise et l'un des organisateurs, résigné à l'idée que nous n'étions pas encore en mesure de nous rendre à la librairie, m'en apporta une. Le temps était venu pour nous tous d'avoir confiance.

Je restai assise un moment et respirai de nouveau à fond, cherchant l'enfant du regard, et je sentis alors la présence toute proche d'Aigle Gris. Dans un premier temps, il ne se passa rien – rien sinon le silence attentif et plein d'espoir de l'assistance. Puis vint un rire léger, celui d'une petite fille, et nous commençâmes.

La douleur s'est-elle arrêtée quelques secondes avant de l'entendre ou au moment précis où elle s'est mise à rire ? C'est difficile à dire et finalement sans importance. Cet après-midi-là, j'ai parlé à tant d'enfants : un petit garçon mort d'un cancer, un autre décédé à la suite d'un accident, une petite fille qui avait succombé à une longue maladie. Nous avons continué, mon guide et moi, à délivrer un message après l'autre jusqu'à ce que tous les parents aient eu des nouvelles de leurs enfants, et tous sont repartis la joie et l'espoir au cœur.

Après une autre respiration profonde, et sous les applaudissements qui résonnaient à mes oreilles, j'ai filé à toute allure – vers la librairie cette fois.

À notre arrivée, nous avons eu du mal à nous frayer un chemin parmi la foule et, les portes à peine franchies, on me tendit tout de suite un micro. Sans la moindre pause, nous étions « repartis pour un tour ».

2

Le chagrin d'un père

La librairie était bondée, à tel point qu'on avait peine à respirer aisément, mais l'excitation était contagieuse et, très vite, les messages du monde des esprits se mirent à affluer. Une fois de plus, mon mal de tête s'était évanoui, et je me sentis soudain ragaillardie et pleine d'énergie, tandis que je passais de l'un à l'autre, répondant aux innombrables questions. Personne n'aurait pu soupçonner ma migraine, encore moins que j'étais sur la brèche depuis l'aube.

En plus, j'avais fait l'impasse sur l'heure de pause que nous étions censés prendre, et les libraires étaient épuisés, bien qu'ils aient échappé à la moitié du programme de la journée... À un moment, tandis que je transmettais à une jeune femme un message de sa mère, morte d'une crise cardiaque, et qui, ironiquement, rappelait à la mémoire de sa fille ses dons de cuisinière, mon ventre se mit à gronder et le public, tout ouïe, l'entendit. Baissant les yeux vers mon estomac, j'éclatai de rire et expliquai que j'avais sauté le dîner : les gens m'offrirent immédiatement toutes sortes de choses à grignoter.

Voilà l'Italie dans ce qu'elle a de meilleur ; le peuple italien sous son jour le plus aimant et le plus respectueux.

De plus en plus de messages filtraient : une femme qui avait perdu son fils plus de vingt ans auparavant demanda s'il était encore en mesure de lui rendre visite après toutes ces années. À sa grande surprise et pour son immense plaisir, il franchit le seuil du monde des esprits avec des tas de choses à lui transmettre. Un jeune homme qui avait perdu son père à la suite d'un cancer fut tout excité de l'entendre dire qu'il n'était plus malade et serait toujours là pour lui. Les échanges se succédaient et, finalement, vers 21 heures, je remerciai l'assistance, souhaitant à tous une bonne nuit. Les effets de cette journée commençaient à se faire sentir et une vague de fatigue m'envahit lorsque je m'assis un instant, après toutes ces signatures.

— Je suis si heureuse que cette journée soit finie, dis-je calmement à Aigle Gris. Merci d'avoir dissipé ma migraine.

— Pas encore, ma petite, tu n'en as pas encore tout à fait terminé, répondit doucement mon guide en posant la main sur mon bras, et, comme de juste, à l'instant même le responsable de la librairie s'approcha d'un des organisateurs pour lui demander si j'accepterais de m'adresser à une dernière personne.

C'était un homme d'environ quarante-cinq ans. Lorsqu'il se pencha vers moi, je vis immédiatement, debout près de lui, le magnifique bambin de cinq ans aux cheveux blonds, et je sus tout de suite qu'il s'agissait de sa fille. En sanglots, il se présenta et essaya désespérément de me raconter son histoire, mais il était trop bouleversé pour tenir des propos cohérents; tandis qu'il me suppliait de l'aider, je lui pris les mains et commençai à lui décrire l'enfant.

Je plongeai de plus en plus loin et franchis le sas : je remontai le temps jusqu'à l'époque où elle était encore de ce monde, en parfaite santé; je retrouvai le moment où sa mère l'avait abandonnée à son père et était partie sans se retourner. Je vis la petite pleurer, réclamer sa maman, je vis son père la prendre dans ses bras, la réconforter alors qu'il n'avait pas lui-même la réponse à cette question : pourquoi sa mère n'était jamais revenue; et je vis le père reprendre des forces à mesure qu'il devenait celui qui protégeait l'âme de sa petite fille.

Je fis des allers-retours de part et d'autre du sas : je vis l'enfant à califourchon sur les épaules de son père, heureuse et riant aux éclats, se tortillant et caracolant sans avoir peur de tomber, tandis qu'ils couraient jusqu'en bas de la rue, ses petits doigts serrés autour de son cou. Lui, riant aussi, s'abandonnant à un instant de joie pure, n'avait pas, comme aujourd'hui, le cœur brisé en se sentant à son tour abandonné.

De retour au présent, je me mis à décrire cette scène au père de la petite fille, sachant qu'elle leur était familière, et je serrai ses mains entre les miennes tout en regardant couler ses larmes, submergé par le souvenir de son enfant : je fus témoin de ce chagrin nu et serrai plus fort tandis qu'il tentait de se ressaisir.

Aigle Gris se tenait là en silence, aux côtés de la fillette, la guidant avec douceur et attention pendant qu'elle progressait à petits pas dans ce processus de communication ; il avait l'expression paisible de celui qui sait. J'attendis un moment, jusqu'à ce que son sourire d'encouragement me pousse à franchir de nouveau le sas du temps, et, cette fois-ci, je me retrouvai à son chevet. L'odeur d'hôpital était omniprésente, et je voyais de tous côtés d'autres enfants, des enfants malades atteints d'un cancer incurable. Mais j'avais beau vouloir m'approcher de chacun, je savais que j'étais là uniquement pour cette petite fille blonde, à qui l'amour de son père avait donné le pouvoir de venir le rejoindre ce soir-là.

Je tournai mon regard vers la fillette à la crinière d'or dont le corps inerte gisait là, pâle et immobile, en train de mourir en silence sur son lit d'hôpital. Je vis le père, fou de douleur, assis à son chevet, à attendre – il n'avait plus rien d'autre à faire qu'attendre !

« C'est moi, dit la petite quand je revins, ayant de nouveau franchi le sas. C'est moi, là, dans ce lit, et papa me croit sans doute perdue. Peux-tu lui dire que tu m'as retrouvée ? »

J'ai passé les trente minutes suivantes en compagnie de la petite et de son papa qui, au début, n'arrêtait pas de pleurer. Mais après un moment, les paroles de sa fille ramenèrent le sourire sur ses lèvres quand il se rendit compte à quel point elle était toujours proche de lui.

Il serait merveilleux de croire que cette expérience fût en mesure de guérir le cœur de cet homme et de lui ôter toute sa douleur. La vérité, c'est que ce père a encore devant lui des années de souffrance; les larmes, la douleur et l'incroyable sentiment de perte ne disparaîtront jamais tout à fait, et sa fille lui manquera toujours affreusement. Une des choses qui l'ont blessé le plus est le fait de n'avoir pas su lui donner la mère qu'il appelait de tous ses vœux. En un sens, il s'en faisait le reproche. Je lui ai pourtant expliqué qu'il avait donné à son enfant quelque chose dont beaucoup n'ont jamais l'occasion de faire l'expérience : tout ce qu'il pouvait lui donner de lui-même, sans jamais rien reprendre.

« Vous avez une fille, lui ai-je dit à la fin de ce moment partagé, et elle vous a aussi donné tout ce qu'elle pouvait donner d'elle-même. Elle ne le reprendra jamais, et jamais elle ne s'éloignera de vous. Certes, vous avez votre douleur de père… Mais vous savez à présent que, jusqu'à la fin des temps, l'amour inconditionnel de votre enfant vous appartient. »

3

Aigle Gris, mon ami

On dit souvent que si vous pouvez compter sur les doigts d'une main le nombre de vos amis, vous avez beaucoup de chance, car il n'est pas si facile de se faire des amis. Je me considère donc comme privilégiée car je compte plus de bons et vrais amis que de doigts aux deux mains. Je ne sais pas vraiment pourquoi car, il faut bien le dire, je suis sans doute l'être le plus négligent qui soit en amitié : j'oublie les anniversaires, je n'appelle pas régulièrement, je prétexte souvent un surcroît de travail et, la plupart du temps, je vis tellement dans ma bulle que je néglige ces moments où il faudrait être plus attentive. Mais, et c'est l'aspect positif, il suffit de me téléphoner, ou de se rappeler à ma mémoire, et je suis toujours présente, prête à écouter ; on peut aussi compter sur le fait que je suis capable, si besoin est, de tout laisser tomber pour mes amis. Cependant, je dois admettre que ceux-ci en font beaucoup plus pour moi que l'inverse.

L'amitié peut être une chose complexe et compliquée – une relation entre deux individus qui peuvent compter sur une acceptation et un amour réciproques, quoi qu'il advienne. Connaître les défauts de l'autre, et vouloir tout de même que cette personne fasse partie de votre vie ; connaître ses propres défauts, savoir que votre ami(e) les connaît aussi et vous accepte néanmoins, et veut que vous fassiez partie de sa vie : l'amitié est un cadeau merveilleux et inestimable.

J'ai découvert qu'en amitié l'égalité n'existe pas : elle n'exige pas d'égalité en termes d'amour, d'attention, ou de quoi que ce soit d'autre. L'amitié ne pose pas pour condition que l'un donne de manière identique à l'autre. Il arrive qu'à certains moments l'un des deux soit le seul à appeler, à garder le contact, à aider, et que l'autre soit toujours celui qui reçoit ; puis, souvent de façon inattendue, les rôles s'inversent, celui qui reçoit devient celui qui donne et vice versa : c'est cela, l'amitié !

Mon amitié avec Aigle Gris s'apparente énormément à cette description. C'est moi qui reçois – ses conseils, ses consolations, ses instructions –, qui puise de son temps et de son énergie, sans songer à la façon dont tout cela l'affecte. Mon excuse est la suivante : j'ai besoin de pouvoir compter sur lui pour effectuer mon travail – ce qui est vrai ; mais, et c'est un grand MAIS, je pourrais le faire en y mettant plus d'attention, de sensibilité à l'égard de son propre ressenti, plus de reconnaissance et de remerciements.

À vrai dire, je considère ma relation avec Aigle Gris comme un fait acquis, exactement comme avec mes amis. Je tiens pour avérées certaines suppositions, partant du principe qu'il m'écoute, a du temps à me consacrer : tant de choses me semblent acquises. Et puis, de temps en temps, je me rends compte de mon insouciance et de mon égoïsme en tant qu'amie, et je pense à dire « Je t'aime », à exprimer ma reconnaissance, à remercier.

Mon guide et moi nous amusons et rions beaucoup. Aigle Gris a un sens de l'humour proche du mien – un peu bizarre et décalé, quelque peu primesautier ; il rit plutôt *avec* l'autre qu'*aux dépens* de l'autre, et jamais méchamment ; c'est lui qui me rappelle que sans le rire la vie est impossible.

J'aime quand Aigle Gris travaille à mes côtés dans la cuisine, car j'adore cuisiner – certains disent même que je suis un grand chef, et c'est parfois vrai. J'aime innover, et je prépare souvent des choses qui me sont interdites pour raisons de santé ; je demande alors à Aigle Gris de goûter à ma place : « Ce ragoût est-il suffisamment salé ? Faut-il prolonger la cuisson du rôti ? Dois-je épicer plus, ajouter du sucre, ou bien… ? » Il connaît toujours la bonne réponse et il m'est d'une aide considérable en cuisine. Je me fie à son jugement et suis certaine qu'il apprécie autant que moi ce temps partagé.

À bien des égards, mon guide et moi avons tout du vieux couple, si ce n'est que nous nous disputons rarement ; si nous restons ensemble, c'est parce que nous le voulons et notre relation est aussi confortable qu'une vieille paire de pantoufles ; nous sommes bien assortis, nous travaillons de concert et c'est ainsi que nous sommes attentifs aux autres.

Aigle Gris est souvent la voix de ma conscience. Jamais il ne critique ni ne juge, et il me suffit de croiser son regard ou de sentir son énergie pour savoir que je l'ai déçu, ce qui survient si je nourris des pensées mesquines ou méchantes, ou si j'adopte une attitude injuste.

Les plus extraordinaires moments que nous partageons sont ceux où je vois le miracle qu'il incarne. Sa douceur et sa compassion, son intuition et sa compréhension de notre nature humaine, sa capacité d'amour – tout cela est au-delà de toute autre source jamais connue de moi, à l'exception du Christ. C'est une bénédiction d'avoir un tel guide pour ami.

Aigle Gris a eu sur cette terre une existence fascinante. Né et élevé parmi les Apaches, il était chaman, guérisseur et chef de sa communauté. C'était aussi un guerrier, se battant en cas de nécessité pour la sauvegarde de sa tribu. Certains peuvent trouver difficile de placer sur le même plan la vie d'un guerrier et celle d'un maître spirituel, mais Aigle Gris, grâce à toute son expérience, m'a montré que la guerre et la paix pouvaient aller de pair, et que se battre pour sa survie spirituelle est une tâche à laquelle la plupart d'entre nous sont confrontés. Mon guide m'a appris que courage et témérité ne sont pas forcément des qualités innées, mais simplement des actes que nous effectuons à un moment donné ; qu'il était possible d'être un jour plein de bravoure et moins téméraire le lendemain ; de trouver moyen d'être courageux dans les circonstances les plus inattendues. Il m'a enseigné que lâcheté et courage pouvaient coexister chez le même être. Ainsi vont les choses…

Mais surtout, Aigle Gris m'a appris le véritable sens de l'amitié et je lui en suis reconnaissante.

Notre amitié se double d'une confiance qui me permet de le suivre où qu'il me conduise. Nous avons traversé nombre de situations difficiles, voire potentiellement nuisibles pour moi, surtout lorsque nous avons affaire à des forces mal intentionnées ou maléfiques. Sans cette confiance absolue, il nous serait impossible de travailler ensemble, et c'est notre amitié qui nous a permis de nouer des liens forts et indissolubles. Quand Aigle Gris me dit d'écouter, j'écoute ; quand il me dit d'être attentive, je le suis ; s'il m'oriente dans une direction, je prends cette voie sans la moindre hésitation. Malgré tout, mon plus grand problème reste ma condition d'être humain. Je n'entends et ne vois donc pas toujours les choses aussi clairement que je le devrais ; je n'ai pas toujours l'esprit fixé sur son objet comme il le faudrait et je peux parfois me laisser distraire par des influences extérieures. Dans ce cas-là, mon astuce consiste à être perpétuellement vigilante. Quand je sais que je suis dans le cadre du travail, j'y arrive facilement, mais au cinéma ou de sortie, quand je promène les chiens, ma vigilance peut se relâcher. C'est là que je commets des erreurs, me laisse abuser, que les choses prennent une mauvaise tournure.

Tous ceux qui croient que, sous prétexte d'être médium ou d'entendre des voix, on sait obligatoirement tout, se trompent – sur toute la ligne.

Ces sept dernières années, les causes de distraction ont été nombreuses, parmi lesquelles les soucis de santé de ma fille, les miens et, bien sûr, les problèmes des nombreuses personnes qui me demandent de l'aide. Je ne suis qu'un être humain, et à ce titre je ne peux traiter qu'un certain nombre de choses à la fois. Aigle Gris est là, en tant qu'ami, pour me guider et me diriger, mais je vous assure que ce n'est pas une tâche facile pour lui. Parfois, et ce en dépit de ses nombreux messages personnels ou liés à une situation susceptible de m'affecter, soit j'interprète mal ce qu'il essaie de me dire, soit je suis tellement obnubilée par autre chose que le sens de ses paroles m'échappe.

Et comme dans toutes les amitiés, ou autre forme de relation, quels que soient nos efforts pour ne pas en arriver là, nous croyons que tout est acquis, et c'est là que tout se gâte. Mais si nous avions tous l'ami(e) parfait(e), le (la) compagnon (compagne) idéal(e), notre existence serait insipide et nous n'apprendrions pas grand-chose sur nous-mêmes.

Ma vie avec mon guide et ami n'a rien d'insipide, et malgré toutes les difficultés, je n'en changerais pour rien au monde, et je sais qu'Aigle Gris partage ce sentiment.

4

Le poison de l'âme

Cette partie du présent ouvrage serait incomplète sans une allusion au rôle de guide d'Aigle Gris. Ainsi, au cours des deux chapitres qui suivent, celui-ci s'efforcera de vous prodiguer quelques conseils, de vous donner des pistes et des exercices susceptibles de vous faciliter un peu la vie ; en nous faisant prendre conscience du pouvoir que nous avons tous de changer, Aigle Gris nous offre le plus grand des cadeaux : le don de perception lucide et intuitive.

Dans le sein maternel, nous sommes des âmes à l'état pur, attendant de naître dans un monde qui, idéalement, va nous former, nous nourrir et nous montrer le chemin de l'évolution spirituelle.

Les êtres purs et ouverts que nous sommes entrent dans ce monde à l'heure et à la place assignées par Dieu, puis, jusqu'à notre retour auprès de Lui, le parcours sera parsemé d'occasions d'apprendre et de croître en esprit. Telle est la raison même de notre présence ici-bas, telle est l'école que notre âme a choisie pour son éducation. Voilà ce que nous enseigne Aigle Gris.

Dans cette école de la vie, nous faisons de nombreuses expériences qui nous permettent d'apprendre et de progresser dès la plus tendre enfance, et ces apprentissages sont autant de dons que nous pouvons mettre à profit pour avancer sur la voie spirituelle, à un degré plus ou moins élevé. Notre choix est là.

Nombre de cadeaux que nous recevons se présentent sous forme de joie et de bonheur, venus des expériences qui suscitent en nous le rire et le bonheur d'être vivants; d'autres prennent la forme de l'adversité, et nous connaissons alors la douleur, le chagrin, la tristesse et les larmes – jusqu'à souhaiter parfois ne jamais être né.

Tous ces cadeaux ont un effet : ils influencent notre personnalité et, à terme, nos décisions. Nous pouvons apprendre la douceur et l'amour, l'attention et la compréhension, et ces expériences sont l'aliment nourricier de notre âme. Mais si tel est notre choix, nous pouvons, par amertume et déception, apprendre à ne pas aimer, à manquer d'attention et de compréhension, et l'énergie négative ainsi produite va s'instiller peu à peu tel un poison, et finir par détruire notre âme. C'est ce que nous enseigne Aigle Noir.

Savoir si l'influence la plus forte sur le caractère humain est d'ordre inné ou acquis reste une question ouverte, et il y a de chaque côté des arguments valides. Mais j'ai toujours eu des doutes vis-à-vis de ceux qui rendent leur éducation responsable de mauvaises attitudes ou de choix cruels.

On en revient toujours à la notion de choix. Bill Clinton, l'ancien président des États-Unis, justifiait ses écarts de conduite par sa piètre éducation. Nombre de coupables jouent des mêmes arguments, comme s'ils n'avaient pas eu d'autre choix. Assistant récemment au procès d'une femme accusée de vol, je l'ai entendue recourir à la même excuse ; son avocat a effectivement dit qu'elle n'avait pas vraiment eu d'autre possibilité, ayant été victime de sévices au cours de son enfance. J'ai ensuite appris qu'il s'agissait d'un argument classique avancé par de nombreux criminels – et ça marche souvent. Si un président peut user de cette excuse et s'en sortir, pourquoi ne ferions-nous pas de même ?

Enfant battue, j'ai grandi dans une famille déglinguée et je ressens encore la douleur physique infligée, mais surtout la douleur émotionnelle ; ce sentiment est si fort que l'idée d'infliger à autrui la même souffrance est bien la dernière chose qui me viendrait à l'esprit.

Nous avons donc tous le choix de faire ce qui est bien ou mal. Nous faisons ces choix consciemment, et ce que nous devenons – en mieux ou non – ne dépend que de nous.

La colère, la confusion, l'agressivité, la négativité, la frustration, la peur et le ressentiment sont autant d'émotions négatives auxquelles nous pouvons choisir de nous accrocher, et qui agissent comme un poison ; ce poison s'infiltre au plus profond de nous, suscitant le malheur, l'amertume, et une sorte de maladie mentale qui peut gravement contaminer notre entourage.

Cette énergie négative et toxique est aisément repérable : elle affleure chez celui qui adopte une mauvaise attitude, chez la vieille femme mesquine et intolérante, à travers des paroles cruelles... Il est plus facile de reconnaître la négativité chez les autres qu'en soi-même. C'est tellement plus simple de montrer du doigt les circonstances adverses et de les rendre responsables de notre mauvaise conduite ; après tout, aucun d'entre nous n'aime admettre avoir parfois mauvais caractère, mais la vérité, c'est que nous sommes humains, donc imparfaits. L'adversité est là pour nous donner l'occasion de dépasser nos fragilités et de surmonter les expériences négatives susceptibles, si nous leur laissons le champ libre, d'empoisonner notre âme.

Nous portons tous en nous certains poisons, à un moment ou à un autre. L'agressivité en est un, la colère aussi, de même que le ressentiment; et nous éprouvons tous ces sentiments de temps à autre parce que nous sommes humains. Mais s'ils nous habitent en permanence, si toute cette négativité prend trop d'ampleur, alors non seulement nous risquons de nous faire du mal, mais aussi d'exposer les autres à notre poison, d'inoculer à ceux que nous aimons le plus notre énergie toxique.

Quand cela se produit, nous le savons : notre âme sait identifier les phases où nous sommes spirituellement au plus bas; mais comment, ai-je demandé à Aigle Gris, pouvons-nous nous aider à surmonter ces moments-là? Il est impossible d'échapper à la négativité du monde et d'ignorer les choses néfastes qui nous arrivent, qui se déroulent autour de nous quotidiennement, et peuvent nous affecter – et elles le font effectivement – d'une manière ou d'une autre. Je ne crois pas que Dieu attende de nous la perfection, mais je crois fermement qu'Il veut que nous nous efforcions de progresser dans la vie spirituelle. C'est donc avec cette idée en tête que j'ai cru bon de partager quelques exercices pratiqués avec mes élèves, et qui nous ont été d'une grande utilité ; l'inspiration vient de mon guide, et si vous les essayez vous-même, j'espère que ces trois petits exercices vous aideront à rester conscient de la dose quotidienne de nocivité absorbée, ce qui vous permettra de réduire votre taux de poison autant que possible.

EXERCICE N° 1

Vous devez d'abord examiner honnêtement le genre de personne que vous êtes et vous poser ces trois questions :

1) Quelle est la fréquence de mes sentiments de colère ou de ressentiment ?

2) Est-ce que j'ai tendance à rendre les autres, ou les circonstances, responsables de mes ressentiments ?

3) Quelle impression est-ce que j'éprouve quand ma négativité m'empoisonne et que je n'y remédie pas ?

Quand vous vous posez ces trois questions, ne craignez pas de constater parfois que votre énergie négative vous submerge au point que toute attitude positive vous semble impossible.

Cela nous arrive à tous de temps en temps, et vous n'êtes pas le seul à l'éprouver. Si vous répondez honnêtement, vous serez surpris, et même si vous estimez être souvent dans cet état-là, ne soyez pas trop dur envers vous-même : vous êtes en train d'essayer de faire quelque chose de positif pour vous aider à changer les choses.

EXERCICE Nº 2

À la naissance, notre âme est aussi pure et claire que l'eau la plus pure dans un verre de cristal. Donc, chaque matin, servez-vous un verre d'eau et placez-le à portée de regard : envisagez-le comme le reflet de l'état de votre âme dans la première demi-heure de la journée, claire et pure, encore préservée de toutes les choses négatives à venir. Visualisez votre négativité comme étant inexistante à ce stade, puis vaquez à vos occupations quotidiennes.

Le soir, avant de vous coucher, retrouvez votre verre d'eau. Pensez-y à présent comme le reflet de votre âme à la fin de la journée. Vous devez alors vous poser ces trois questions :

1) Quelle quantité de poison ai-je laissée filtrer dans mon verre aujourd'hui ?

2) Si cette eau représente mon âme, dans quel état se trouve-t-elle en ce moment ?

3) À mes yeux, cette eau est-elle toujours claire, ou m'apparaît-elle trouble, grisâtre ou franchement noire ?

Répondez en toute honnêteté. Gardez à l'esprit l'idée que toute négativité est une goutte de poison. Beaucoup de négativité équivaut à un verre rempli de poison à ras bord.

EXERCICE N° 3

Voici à présent les trois dernières questions que vous devez vous poser et qui, je l'espère, vous aideront à voir clairement le degré de nocivité que la négativité peut avoir sur votre âme.

1) Vais-je boire mon eau volontiers et goulûment ? Si la réponse est oui, dans ce cas, buvez-la.

2) Donnerais-je à boire de cette eau à la personne que j'aime le plus au monde ? Si la réponse est oui, alors donnez-la-lui, ou buvez-la à sa santé.

3) Vais-je jeter l'eau empoisonnée et recommencer à zéro demain ? Si la réponse est oui, cela indique que vous avez besoin de faire des efforts plus conscients pour ne pas vous contaminer – ou contaminer ceux qui vous entourent – et essayer d'être plus positif.

Ces trois dernières questions nous permettent vraiment d'évaluer l'état de notre âme et d'en mesurer les progrès – ou l'absence de progrès. Elles peuvent nous rappeler notre état originel, la pureté de l'âme à notre naissance, nous aider à voir ce que nous sommes devenus et à quel point notre entourage est immanquablement affecté par ces changements de caractère.

La bonne nouvelle, c'est que même si nous avons été négatifs ou mesquins plus souvent que nous ne le souhaitions, même si nous n'avons pas été à la hauteur de nos espérances, même si nous nous sommes déjà contaminés et avons contaminé ceux que nous aimons le plus, il n'est pas trop tard pour changer de cap. Nous pouvons toujours repartir demain du bon pied, surtout si nous gardons à l'esprit l'image de notre verre d'eau tel qu'il pourrait être – et nous pouvons, grâce à cette image limpide de l'eau et à ses effets dont nous pourrions bénéficier, être heureux de la boire, de la partager.

Entamez chaque journée avec cet exercice, assurez-vous que le verre reste à portée de vue afin de ne pas l'oublier. Plus vous répétez l'exercice, plus les choses deviennent faciles. Très vite, le simple fait de garder en mémoire cette image et de repenser qu'il est important que l'eau reste pure vous inspirera des stratégies pour adopter une attitude plus positive et plus heureuse.

Si vous pratiquez ces exercices et qu'ils fonctionnent sur vous – ce sera forcément le cas si vous persévérez –, je vous suggère alors de les partager avec quelqu'un d'autre. De temps en temps, un peu d'aide est bienvenu, et nous sommes si nombreux à devoir faire de gros efforts pour nous perfectionner.

5

Dansons !

Un mail circule ces temps-ci sur le Net, intitulé « Dansons ! ». Un ami me l'a envoyé, et mon premier réflexe, comme d'habitude face à ce genre de messages, fut de l'effacer sans même l'avoir lu… Cependant, pour une raison inexpliquée, il avait retenu mon attention. Lorsque je l'ai finalement lu, j'ai constaté qu'il ne m'apprenait rien de nouveau, mais les termes m'ont remis à l'esprit une évidence : nous devrions quelquefois prendre la vie un peu moins au sérieux et travailler les aspects ludiques et plus positifs de notre existence.

Nous avons tous entendu l'expression « On n'a qu'une vie », et nous savons tous qu'elle est vraie, pourtant, jour après jour, nous nous laissons envahir par les problèmes les plus graves et ne savons plus prendre le temps de nous amuser, de jouir de la simple expérience d'être vivants.

Ces derniers mois – depuis presque deux ans, en fait – ma vie a été, comme je l'ai souvent dit, un « véritable enfer ». Écrasée et quasiment brisée par les agissements aberrants et abominables d'une personne de confiance, censée protéger mes dons et leur rendre justice, je suis devenue de plus en plus déprimée et malheureuse... Oui, cela peut arriver – et cela arrive – à tout le monde. « Danser ! » : il n'en était pas question, et je ne voyais rien d'autre devant moi sinon un trou noir. En dépit de l'aide, du soutien et des encouragements de nombreux amis, les pressions extérieures étaient si fortes que j'avais le sentiment d'être enterrée vivante, sans aucune issue. Je crois pouvoir dire sans me tromper que j'ai vécu l'une des pires périodes de mon existence, surtout parce que j'avais perdu tout espoir – et, pour la première fois depuis l'enfance, le rire avait déserté mon cœur.

Ma lutte était d'autant plus ardue que, comme vous le savez tous, j'étais parfaitement consciente de la présence à mes côtés d'Aigle Gris et du monde des esprits, qui s'efforçaient de m'encourager, mais je n'étais plus capable d'écouter. Leurs paroles ne me semblaient que platitudes, leurs encouragements sans espoir, et l'amour qu'ils me portaient ne paraissait à mes yeux qu'une source de maux supplémentaire.

Et voici qu'un beau matin, il y a peu de temps, je me suis réveillée en proie à un sentiment très étrange, une sensation que je croyais à jamais éteinte... Je me suis levée avec un sentiment d'espoir des plus étranges, des plus déraisonnables, en entendant Aigle Gris me souffler à l'oreille :

« Quelque chose de bien va arriver, quelque chose de bien va t'arriver. »

Et comme il prononçait ces mots, sans que je puisse me l'expliquer, j'ai su qu'ils étaient vrais, et je me suis sentie légère, réconfortée, pleine d'excitation et d'espoir...

Je ne me suis pas demandé ce que pouvait être ce « quelque chose de bien », et la seule personne à qui j'en ai parlé est ma fille Samantha. Quelques jours plus tard, j'ai reçu ce mail intitulé « Dansons ! » et, une fois de plus, au moment où j'étais en train de le lire, j'ai perçu le message d'Aigle Gris : « Quelque chose de bien va arriver. »

Ce mail était le message de réveil dont j'avais bien besoin. J'avais passé ces derniers mois écrasée par les agissements d'une personne mesquine, cupide et égoïste, qui m'avait volée et menti. J'avais fait en sorte que sa trahison me rende aveugle au fait que Dieu, quoi qu'Il puisse nous ôter, nous donne toujours quelque chose en échange. Mais j'avais aussi permis que les agissements d'un autre, et en réalité de beaucoup d'autres, finissent par me rendre sourde. Je n'écoutais plus... Je n'avais pas cessé d'écouter les autres, mais j'avais indéniablement cessé de m'écouter, moi.

Je sais parfaitement, chaque fois qu'un chagrin me frappe, que d'autres ont connu des peines mille fois plus nombreuses et bien pires. J'en suis tout à fait consciente, et cela se rappelle à moi lors de mes consultations, mes visites à l'hôpital, et à travers les innombrables lettres et courriels que je reçois. Je sais – quand je pense avec justesse – que je fais partie des privilégiés. Mais lorsqu'on est au cœur de la situation, qu'on la respire à pleins poumons, il est loin d'être facile de se souvenir ou d'accepter ce que l'on sait pourtant ; c'est donc un bienfait de se voir rappeler que la vie « se danse » effectivement et qu'il nous faut tous entrer dans la ronde.

La présence d'Aigle Gris dans ma vie est une telle chance ! Je suis pleinement consciente du fait que, sans lui, je me laisserais aller à mes penchants négatifs beaucoup trop souvent.

Comment font donc ceux qui n'ont pas auprès d'eux quelqu'un comme mon guide, pour les encourager à aller de l'avant ? En y réfléchissant, un autre exercice m'est revenu à l'esprit, une fois de plus inspiré par Aigle Gris et utilisé maintes fois dans mes cours : un moyen authentique et éprouvé d'apprendre à susciter notre propre inspiration et à progresser dans la vie spirituelle.

EXERCICE Nº 1

Tout d'abord, avant de vous attaquer aux exercices suivants, prenez le temps de réfléchir au passé et à des expériences auxquelles vous avez personnellement dû faire face ; songez à la façon dont vous avez affronté l'épreuve, puis posez-vous ces trois questions :

1) Est-ce ma foi en Dieu et en une puissance supérieure qui m'a permis de m'en sortir ?

2) Est-ce l'aide de mes amis et de ma famille qui m'a permis de m'en sortir ?

3) Est-ce la foi en moi-même qui m'a permis de m'en sortir ?

Réfléchissez bien avant de répondre. Si vous répondez oui à la première question, cela vous montrera la chance que vous avez de savoir Dieu toujours à vos côtés. Si vous répondez oui à la deuxième, vous saurez quelle chance vous avez d'avoir de si merveilleux amis. Si vous répondez oui à la troisième, vous saurez quelle chance vous avez d'avoir une conscience de soi bien ancrée et la ferme conviction de votre propre valeur. Si vous répondez affirmativement aux trois questions, ou à deux sur trois, vous saurez simplement que vous êtes béni des dieux!

EXERCICE N° 2

À mesure que nous reconnaissons à quel point nous sommes privilégiés, nous commençons à comprendre que la vie nous lance toujours des défis indirects; la vie n'est pas synonyme de facilité, elle n'est pas non plus censée être une trajectoire directe et sans embûches. Répondez aux questions suivantes pour constater à quel point vous vous rendez la vie facile ou difficile.

1) Quelles sont les choses qui vous obsèdent le plus, sans nécessité? Par exemple : le ménage, le bricolage, l'opinion d'autrui, les situations auxquelles vous ne pouvez rien changer.

2) Combien de temps passez-vous à des activités qui ne sont rien d'autre, en termes existentiels, que du gaspillage? Par exemple : l'ordinateur, le téléphone, les relations malsaines.

3) Parmi toutes les « breloques » qui vous sont chères, quelles sont celles auxquelles vous tenez

énormément, alors que vous pourriez facilement vous en délester si une bonne raison vous incitait à le faire? Par exemple : les gens qui vous tirent vers le bas, les amitiés à sens unique, les attitudes négatives, l'ennui.

EXERCICE Nº 3

Après avoir soigneusement réfléchi à ces questions et y avoir répondu en toute honnêteté, voyez alors les suivantes :

1) Que dois-je faire pour donner plus de sel à ma vie?

2) Quand vais-je me mettre en action?

3) Qui vais-je blâmer à la fin de ma vie si je n'ai pas appris à danser?

À présent, la démarche essentielle et la plus courageuse sera de prendre les mesures nécessaires si vous voulez trouver le bonheur. Vous savez ce qu'il vous reste à faire : ayez le courage d'agir.

Aigle Gris nous apprend ceci : personne ne peut décider à quel moment vous serez prêt; personne ne peut vous forcer à changer; vous seul êtes à blâmer si vous vivez votre vie sans la « danser ». Alors, voulez-vous danser? Faire preuve de bravoure? Grandir?

Si vous êtes déjà entré dans la danse, ou capable d'apprendre vous-même à danser grâce à ces exercices, voyez alors si vous pouvez encourager les autres à danser aussi, en leur faisant partager ce que vous avez appris.

Je danse, et avec quel plaisir! Mes problèmes sont toujours là, et ils ne sont pas minces, mais si je ne danse pas, je vais mourir mentalement. Si vous ne dansez pas, la mort intérieure vous attend… Quel gâchis ce serait de gaspiller inutilement ce merveilleux cadeau qu'est la vie.

Troisième partie

RECUEIL DE CAS

1

Jouons au base-ball

Le véhicule était bon à mettre à la casse : l'homme à l'intérieur, couvert de sang et foudroyé par la violence de l'impact, était mort : telle était, à ce stade, l'unique certitude.

Je restais là en silence, debout au bord de la route, tête baissée, le cœur serré par la douleur, et un sentiment d'impuissance me submergea. Encore un mort, un de plus, encore une de ces horribles tragédies, une de plus ; quand tout cela finirait-il ? À peine mon esprit avait-il formulé cette question que j'en connaissais la réponse : jamais, cela ne finirait jamais !

Telle était ma vie, celle que j'avais choisie délibérément, avec amour, et cette vie, je la désirais de tout mon cœur. Mais j'étais fatiguée. J'étais lasse des décès, de la douleur et du chagrin, des attentes quotidiennes de parfaits inconnus qui ne me connaissaient même pas, ne voulaient pas me connaître, que seuls mes dons intéressaient.

Je relevai la tête ; je me sentais épuisée et usée ; je regardai de nouveau la voiture accidentée.

Combien en avais-je vu cette semaine? Combien de morts? Combien de familles avais-je vues pleurer, confrontées à des pertes insupportables? Combien de mains s'étaient tendues vers moi pour demander de l'aide?

Je soupirai, attendant que l'inévitable se produise, sachant que je me sentirais mieux après, au moins provisoirement, jusqu'à la prochaine fois, et ainsi de suite...

Il faisait chaud, une brume planait, et j'étais là, sur la route poussiéreuse, les yeux rivés sur la scène de l'accident.

« Au moins, songeai-je, cette fois-ci, il n'y a qu'une seule voiture et un seul mort. » Et tandis que cette pensée me venait à l'esprit, je sus que j'avais tort de raisonner ainsi. En effet, combien de fois avais-je répété que la mort n'était pas une punition, mais un événement merveilleux, voire glorieux, et une expérience pour laquelle, en définitive, nous serions tous reconnaissants.

« Je suis fatiguée, me dis-je de nouveau avec lassitude. Je suis simplement un peu fatiguée. »

J'entendis bientôt les sirènes des ambulances et des pompiers arrivant en trombe sur les lieux – trop tard pour être d'aucune aide au jeune homme qui gisait sur son siège. Je voulais leur dire de cesser leurs efforts frénétiques pour sortir la victime de la carcasse, dans l'espoir de la sauver, mais je savais qu'ils n'entendraient pas ma voix. Je savais qu'il était inutile d'essayer. Et une fois de plus, pendant un bref instant, je sentis en moi le désespoir de la famille qu'il laissait derrière lui s'ajouter à mon propre désespoir.

Comme je l'anticipais, la scène qui se déroulait sous mes yeux se mit à changer, et une lumière commença à me pénétrer tandis que je sentais une main frôler mon épaule, et j'entendis une voix masculine, chargée d'émotion, m'appeler :

« Rosemary, il s'agit de ma femme et de mon fils, et aussi du bébé. »

Je me sentis remonter, franchir le sas vers le présent pour me retrouver face à mon auditoire, attendant patiemment que ce nouveau message soit délivré.

Je vis sa femme, assise au fond de la salle. Elle avait levé la main avec ferveur alors que je décrivais la scène à laquelle je venais d'assister, craignant que je ne la repère pas, mais cela ne risquait pas d'arriver : son mari était trop insistant, trop présent pour qu'elle passe inaperçue, et je souris en voyant son visage s'illuminer lorsqu'elle sut que son tour allait venir.

Tandis que je lui faisais signe d'approcher, je la vis poser nerveusement la main sur les épaules d'un jeune garçon et le guider doucement devant elle en s'avançant vers la scène. Je distinguais son aura, obscurcie par la douleur qui pesait sur elle, mais j'apercevais aussi une faible lumière, l'éclat d'une lueur d'espoir qu'avait allumée en elle l'événement sur le point de se produire et pour lequel elle avait tant prié.

La lassitude et le désespoir qui menaçaient de m'envahir juste avant s'étaient à présent dissipés, faisant place à une impression de force, liée à la certitude qu'Aigle Gris et moi allions de nouveau œuvrer ensemble, accomplir un miracle – modeste, soit, mais significatif.

Je tendis les mains et pris celles du garçon. Il avait à peine huit ans et, quelques semaines auparavant, la mort tragique de son père avait fait de lui l'« homme de la famille ». À son contact, je sentis son énergie me traverser, et mon cœur se mit à battre plus vite, comme si sa douleur faisait soudain partie de moi.

Je m'agenouillai et, l'espace d'un instant, plongeai doucement mon regard dans le sien ; je frôlai du doigt la peau lisse de sa joue. « Personne, me disais-je, ne devrait subir pareille souffrance, surtout pas un enfant. »

Je repris tout de suite contact avec le père qui, après une nouvelle description des circonstances de sa mort, se mit à parler à sa femme et à son fils d'une foule d'autres choses. Je savais, en l'écoutant et en rapportant scrupuleusement ses propos, qu'il cherchait un moyen de fournir à sa femme et à son garçon ne serait-ce qu'une petite preuve, un détail incontestable qu'ils pourraient garder en mémoire pour le restant de leur vie – détail auquel ils pourraient se raccrocher dans ces moments où s'insinue le doute et où le désespoir menace de nous submerger au fond de notre solitude.

C'est lorsqu'il se mit à décrire son fils que le père trouva la preuve qu'il cherchait. Tout en nous racontant que l'enfant était très doué à l'école, particulièrement en mathématiques, toujours plongé dans ses livres et son travail scolaire, il eut un sourire entendu.

« Je voulais qu'il s'initie à un sport, qu'il fasse quelque chose qui l'arrache un moment à ses livres, une activité distrayante, qui l'amuse vraiment. Je voulais qu'il réussisse à se laisser aller, je lui ai donc appris à jouer au base-ball. Je suis sorti avec lui le plus souvent possible et lui ai montré comment manier la batte pour frapper la balle. Au début, c'était juste pour moi qu'il le faisait, puis il a commencé à devenir bon et à y prendre plaisir. Juste avant l'accident, il a essayé d'entrer dans l'équipe de base-ball de l'école. Il n'était pas sûr d'y arriver, mais il a tenté le coup et a eu des nouvelles de l'entraîneur il y a deux ou trois jours. Mon fils a désespérément besoin de savoir si je l'ai vu à l'œuvre ; ce qu'il veut savoir, Rosemary, c'est si je suis au courant de ce qui s'est passé avec l'entraîneur. S'il vous plaît, dites-lui que je sais qu'il a réussi, qu'il a intégré l'équipe, et pourriez-vous lui dire aussi à quel point je l'aime – et que je sais qu'il adore sa nouvelle batte de base-ball ? Je veux que mon fils sache que j'étais avec eux quand il est allé l'acheter avec sa maman, et qu'à ma façon je les ai aidés à choisir celle qu'il fallait. »

Tandis que je rapportais doucement ces paroles à l'enfant et à sa mère, les yeux du petit garçon se remplirent de larmes qui coulèrent sur ses joues.

« Nous l'avons achetée pas plus tard qu'hier », dit l'enfant, puis, regardant successivement sa mère et moi, il demanda : « Il peut vraiment me voir ? Est-ce que papa sait réellement qu'on m'a pris dans l'équipe de base-ball ? »

Mon regard passait de l'enfant à la mère, qui pleurait aussi ; elle fit oui de la tête, puis le prit dans ses bras et le serra très fort. Mais nous n'en avions pas encore fini.

J'entendis le père dire : « Le bébé, je veux parler du bébé. Dites à ma femme et à mon fils que je le vois, il est magnifique, et c'est un tel miracle. » À cet instant même, alors qu'il prononçait ces mots, nous entendîmes un bébé pleurer, et, en regardant sur les côtés de la salle, nous aperçûmes la grand-mère, tenant un nourrisson qui hurlait à pleins poumons comme en réponse aux propos de son père.

« Il est né longtemps après mon décès, dit le jeune père, debout à ma droite. Ils croient que je ne l'ai pas vu, mais dites-leur que c'est ma main qui le berce chaque nuit. Je veux que mes deux fils sachent que je suis leur ange et que je veillerai toujours sur eux. »

À ces paroles, le garçon et sa mère se remirent à pleurer, mais c'étaient de belles larmes, mêlées de tristesse et de joie, et en les voyant dans les bras l'un de l'autre, je sus qu'ils allaient s'en sortir. Je savais que les messages du père étaient si profonds, si porteurs de sens et si probants pour sa famille que, pour le restant de leurs jours, jamais ils ne pourraient douter de son existence et de sa survie après la mort. Jamais ils ne contesteraient sa présence continue dans leur vie.

2

Le fils perdu

Elle s'appelait Loretta et avait pris rendez-vous avec moi par téléphone, puis elle avait dû attendre un bon moment avant de pouvoir me parler. Le jour de la consultation, son fils Wayne l'accompagnait, plein d'enthousiasme mais très nerveux, car il craignait que sa mère ne soit déçue.

J'entamai la séance de manière habituelle – en tout cas telle était mon impression. Je demandai à Loretta à qui elle désirait s'adresser dans le monde des esprits, ensuite – à supposer que nous parvenions à établir ce contact – à propos de quels problèmes elle souhaitait recevoir aide et conseils.

Souvent, lorsque je pose cette deuxième question, certaines personnes sont tentées d'en dire trop, d'autres, au contraire, refusent de livrer quoi que ce soit, de peur que je n'essaie de glaner trop d'indices, d'en apprendre plus qu'il ne faut à leur sujet. J'explique clairement que je n'ai besoin d'être informée que des lignes essentielles – travail, santé, relations, etc. – et j'arrête toujours ceux qui veulent m'aider en m'en disant trop.

Loretta faisait partie des taiseux. Elle était très sceptique, craignait que je ne sois pas celle que je prétendais être, et il était important à ses yeux d'être sûre de la réalité d'une communication avec le monde des esprits. Mais je sais à quel point il est essentiel pour ceux du monde des esprits d'entendre la voix et de pouvoir se connecter au niveau de la vibration propre à cette personne avec laquelle ils tentent de communiquer.

Tout est une question d'énergie, et la voix est l'une des sources les plus fortes dont nous disposions. Lorsque ceux du monde des esprits entendent notre voix, qu'ils se mettent au diapason de notre puissance vocale, reconnaissent notre voix et se branchent sur les vibrations de cette énergie, cela les incite à communiquer, souvent avec beaucoup plus de force. Mais pendant cette communication, et tandis que j'essaie d'établir le contact, il est difficile de trouver le juste équilibre entre le fait que mon client en dise trop ou juste assez afin que le niveau vibratoire permette un lien correct avec le monde des esprits.

Loretta était décidée à en dire le moins possible, ce que je comprenais parfaitement, mais ses réponses étaient si lentes, sa voix si faible qu'elle était presque inaudible.

Pour l'encourager et pour qu'elle se sente plus à l'aise dans ce processus, je lui expliquai que les seules réponses que j'attendais de sa part étaient : oui si elle comprenait ce que je disais, non dans le cas contraire. « Si je vous trouble d'une quelconque manière, vous n'avez qu'à m'interrompre, Loretta, mais continuez à répondre aussi clairement que vous le pouvez. »

Loretta m'avait confié vouloir parler à son fils aîné et, tout en entendant la voix de la mère, je regardais, écoutais et tentais de le localiser. Sans douter un seul instant de son vif désir de parler à sa mère et à son frère, je constatai, en essayant d'entrer en contact avec lui, que, dans le monde des esprits, certains ont plus de mal que d'autres à communiquer. J'étais donc disposée à faire preuve de toute la patience requise. Il fallut un certain temps et, finalement, je repérai sa présence à ma droite, mais la connexion était si faible qu'en dépit de tous mes efforts je n'arrivais pas à l'entendre clairement.

« Patience, patience », me disais-je, tel un refrain familier, tout en essayant de renforcer la connexion. Brusquement, j'entendis un grand bruit, un cri résonner dans mon oreille, et ces mots : « Soudain. Rapide. »

Je regardai par-dessus mon épaule, sachant qu'il était là, quelque part, mais je ne voyais rien. Puis j'entendis de nouveau les mots, directement dans le creux de l'oreille. Cette fois, la voix était plus basse et j'avais du mal à la distinguer.

« Soudain. Rapide », puis une pause, et de nouveau : « Soudain. Rapide. » Cette fois, je sentis sa présence se faire plus précise.

« Bien », pensai-je, tout en essayant de ne pas me laisser gagner par la frustration et d'être patiente, sachant que tôt ou tard le fils de Loretta se présenterait à moi et que la communication deviendrait plus claire.

« J'ai besoin d'entendre vos voix », confiai-je à Loretta et à son fils cadet, Wayne, en leur expliquant ce qu'il se passait et ce que j'avais entendu jusqu'ici, mais je savais que je n'avais encore rien dit à quoi ils puissent donner réponse.

« Patience », me répétai-je, et j'essayais à tout prix de le trouver, comme tout individu du monde des esprits susceptible d'être entendu par moi de manière plus distincte. Habituée aux contacts assez rapides, mais également capable d'être patiente si besoin, j'attendis. Entendant la même voix redire : « Soudain. Rapide », et ne voyant rien d'autre que des bribes, une ombre en fait, tout en cherchant plus intensément, en faisant tout mon possible pour que la connexion se renforce, je refusais d'abandonner. Je pris conscience du compte à rebours, du peu de temps qu'il nous restait.

Ne voulant toujours pas abandonner, comprenant à quel point Wayne et sa mère seraient déçus, et – chose bien plus importante – à quel point ceux du monde des esprits seraient déçus, je poursuivis mes efforts, mais j'entendais toujours plus ou moins la même chose. Tout ce que je voyais était du même ordre – c'est-à-dire rien ; cela continua, et après plus d'une heure et demie, le temps de ma consultation était écoulé.

J'étais dans un état de grande confusion, ne m'expliquant pas pourquoi cette consultation s'était révélée si difficile, pourquoi j'avais échoué à établir le contact. J'en conclus que j'avais dû faire quelque chose de travers, ou omis un détail. J'étais passée à côté – mais de quoi ? Que fallait-il faire maintenant ?

En annonçant à Loretta et Wayne que je ne pouvais pas leur accorder plus de temps, et en expliquant que je n'arrivais pas à établir un contact, je les sentis déçus, presque comme si leur déconvenue était la mienne.

— Nous avons deux solutions, dis-je finalement. Je peux vous rembourser, car il est hors de question que je vous fasse payer cette consultation, ou nous pouvons réessayer si vous le souhaitez, bien que je ne puisse pas vous garantir un meilleur résultat la prochaine fois.

— Est-ce que cela arrive souvent ? me demanda Loretta en larmes.

Je lui expliquai que le problème n'était pas que son fils refuse de lui parler, mais plutôt que je ne faisais pas correctement mon travail. La question, c'était mon incapacité à intensifier la connexion. À ces mots, Loretta décida de réessayer et, ne voulant pas la faire attendre, je lui demandai de me rappeler le lundi suivant à 10 heures.

Durant tout le week-end, je pensai beaucoup à elle et tentai de comprendre pourquoi je n'étais pas arrivée à entrer en contact avec son fils, comme j'aurais normalement dû le faire. Bien sûr, je pouvais me trouver des tas d'excuses : j'avais eu des problèmes intestinaux ce matin-là – mais j'avais souvent travaillé sans être vraiment en forme et, jusqu'à présent, cela ne m'avait jamais affectée. Un jour, les plombiers étaient sur les lieux et faisaient beaucoup de bruit – mais j'avais déjà consulté dans des circonstances semblables, et tout s'était bien passé.

Passant en revue toutes ces difficultés, plus je réfléchissais à cet ensemble de choses, plus l'une d'entre elles se précisa : je me rendis compte que je n'avais pas demandé, en début de séance, quels étaient les problèmes de Loretta et Wayne, ce qu'ils souhaitaient voir aborder par ceux du monde des esprits. L'ennui, c'est que je n'avais pas entendu la voix de Loretta ni celle de Wayne ; et, chose plus importante encore, ceux du monde des esprits, que je savais vraiment désireux de communiquer, n'avaient pas, eux non plus, entendu leurs voix.

Savoir quels étaient les problèmes de Loretta n'aurait pas dû faire une telle différence car, même si nous avons une idée précise de ce que sont censés évoquer ceux du monde des esprits, ils en ont souvent une tout autre idée, et parlent quelquefois de choses dont l'importance nous avait totalement échappé. Mais dans ce processus au cours duquel quelqu'un me parle de ses difficultés, ceux du monde des esprits entendent la voix des êtres qui leur sont chers, ils se connectent à leur vibration et sont souvent en mesure de renforcer l'intensité de la liaison. Était-ce le problème en cause ? Était-il possible que je n'aie pas accordé assez de temps au processus ? Je n'en étais pas sûre mais, le lundi matin, j'étais prête à donner le meilleur de moi-même. Je priai afin d'être en mesure d'aider cette famille, et je priai pour que le fils de Loretta fasse également de son mieux, et que, d'une manière ou d'une autre, le contact s'établisse entre nous et ne soit pas de nouveau coupé.

— Nous allons recommencer à zéro, Loretta, comme si nous n'avions pas déjà fait un premier essai la semaine dernière, indiquai-je en m'asseyant près du téléphone, bloc-notes et crayon en main. Alors, pouvez-vous tout d'abord me dire à qui vous voulez vous adresser dans le monde des esprits ?

— À mon fils et à mon mari, dit Loretta d'une voix claire et déterminée.

— À mon frère, répondit Wayne d'une voix forte et claire, à l'image de sa mère.

Comme par miracle et à ma plus grande joie, dès que j'entendis la voix de Wayne, je vis nos deux interlocuteurs, debout face à moi. Nerveuse quant au succès de l'opération, ne révélant rien encore sur ce que je voyais, et pas tout à fait certaine de la fiabilité de la connexion établie, je poursuivis avec les questions habituelles que je pose à mes clients.

— Si nous parvenons à établir le contact avec votre famille, demandai-je à Loretta et Wayne, quels sont les problèmes relatifs à votre vie pour lesquels vous aimeriez recevoir aide et conseils ?

Ma question les laissa quelque peu perplexes car ils n'avaient pas compris qu'ils pourraient participer de la sorte. Je les encourageai un peu et, tandis qu'ils hésitaient, discutaient en aparté, concluant que rien ne leur venait à l'esprit, j'entendais le son de leurs voix, j'en percevais l'énergie, et je sentais monter du côté du monde des esprits l'intensité de la vibration.

— Permettez-moi quelques suggestions, leur dis-je, car je voulais qu'ils continuent à parler, j'avais besoin d'entendre le son de leurs voix, et je ne voulais ni briser ni fragiliser le lien établi. Les gens posent souvent des questions relatives au travail ou à la santé.

— D'accord, répliqua Wayne, prenant l'initiative. Disons donc le travail : j'ai besoin de conseils. (Puis, après une pause :) J'ai besoin de conseils pour ma santé et j'aimerais savoir si je dois ou non déménager.

Les lignes de communication s'ouvraient enfin et j'arrivais à voir clairement tout ce qui m'avait échappé la fois précédente. Ils se tenaient là, sous mes yeux, père et fils, prêts à « se lancer » et désireux de le faire.

Avant même que j'aie eu le temps de les questionner, le garçon parla : « J'ai eu une crise cardiaque. Cela a été très soudain, sans aucun signe précurseur. Mon cœur a juste explosé », dit-il, et, tandis que je répétais à Loretta et Wayne ce que j'avais entendu, je les entendais crier : « Oui, oui ! »

Ébahie, je vis le jeune homme du monde des esprits se mettre à sautiller, dansant littéralement de joie. Finalement, il avait réussi – nous avions réussi – et, à partir de ce moment-là, il me fut impossible de l'interrompre.

À eux deux, le fils et le mari firent à Loretta et Wayne le plus beau cadeau de leur vie, leur délivrant un message après l'autre, une preuve après l'autre de leur survie après la mort ; de manière claire et précise, sans hésitation, ils leur prouvèrent de plusieurs façons qu'ils étaient toujours ensemble et n'étaient pas perdus à jamais. Le fils, qui avait paru si désorienté quelques jours auparavant, nous faisait savoir que nous l'avions enfin retrouvé.

Loretta et Wayne débordaient de joie, tout comme le mari et père ; et que dire du garçon mort si jeune et de manière si tragique ? Il savait que sa mère et son frère pouvaient l'entendre, qu'ils l'avaient retrouvé, à présent aux côtés de son père, et il savait que lui aussi les avait retrouvés.

3

La persévérance récompensée

J'étais venue donner une conférence à Long Island, près de New York, et tandis que je traversais la salle, je vis parmi le public un jeune homme du monde des esprits qui s'efforçait d'attirer mon attention. Il paraissait avoir une vingtaine d'années – un peu moins ou un peu plus, je ne suis pas douée pour deviner l'âge des gens...

Lorsque je commençai à l'écouter, il me confia qu'il était mort d'un cancer et expliqua en riant comment, à la suite de sa chimiothérapie, il avait perdu ses cheveux, raison pour laquelle, disait-il, il avait la tête aussi lisse qu'une boule de billard. Il était grand et maigre, avec un sourire en coin et un grand sens de l'humour ; chauve, bien sûr, mais quand je le décrivis, personne dans l'assistance ne parut le reconnaître.

Comme si de rien n'était, déterminé à poursuivre, le jeune homme insista pour me donner un message à transmettre à David.

Je demandai s'il y avait parmi l'auditoire un David susceptible de reconnaître le jeune homme que j'avais décrit mais, là encore, pas de réponse : personne ne semblait savoir de qui il s'agissait. Pourtant, imperturbable, il refusait de renoncer, insistant même pour que je poursuive.

Ma mission était de l'aider, d'aider tous ceux du monde des esprits qui essaient d'entrer en contact avec nous, mais, en dépit des nombreuses questions que je lui posais et de mes efforts pour obtenir le plus de renseignements possibles, je ne parvenais pas, apparemment, à obtenir ni de lui ni d'Aigle Gris l'indice qui m'aurait orientée au sein du public. Je me remis à son écoute, je retransmis ses paroles dans l'espoir qu'une personne finirait par le reconnaître.

Je savais que j'allais finalement devoir jeter l'éponge et poursuivre. J'avais déjà passé bien trop de temps à essayer d'établir le contact, et d'autres, parmi ceux du monde des esprits, attendaient leur tour. Je fis donc une dernière tentative. Je sollicitai l'auditoire et répétai une fois de plus le message :

— J'ai ici un jeune homme qui est mort d'un cancer et me dit vouloir parler à un certain David, dis-je en essayant de ne pas montrer ma frustration, faisant preuve de toute la patience dont j'étais capable.

Juste au moment où j'allais renoncer, comme si la situation n'était pas déjà assez compliquée, j'aperçus un second jeune homme aux côtés du premier, qui me décrivit brièvement son décès dans un accident de moto.

En proie à une certaine confusion, je me tournai vers mon guide pour lui demander : « Sont-ils ensemble? Ces deux jeunes gens se connaissent-ils? »

Aigle Gris acquiesça et expliqua qu'ils étaient en effet venus ensemble, mais qu'avant leur décès, ils ne se connaissaient pas; tous deux souhaitaient cependant entrer en contact avec la même personne : celle-ci connaissait chacun d'eux.

Je relatai ces propos à l'assistance – aucune réaction. Je décidai de renoncer et de passer à autre chose. Mais comme nous le savons tous, ce n'est pas à moi qu'il appartient de prendre une telle décision, et les deux jeunes gens étaient loin de vouloir renoncer. Aidée par mon guide et comptant sur le fait que le public comprendrait que certaines connexions prennent du temps, je me tournai donc de nouveau vers le jeune homme mort d'un cancer et lui dis : « D'accord, mais il faut à présent que vous me donniez le plus de détails possible. » Se rendant compte que c'était sans doute sa dernière chance, il respira un bon coup et se mit à me parler de David.

« C'est mon meilleur ami, il s'est effondré quand je suis mort, et le chagrin ne l'a toujours pas quitté; il travaille dans le bâtiment, il rénove et installe des cuisines; c'est ainsi qu'il gagne sa vie; et vous savez, Rosemary, j'ai vraiment besoin de lui transmettre un message, de lui faire savoir que j'ai survécu. »

Je rapportai ces propos et, pendant quelques secondes, le silence s'installa dans la salle, puis, juste au moment où je commençais à penser que tout cela allait simplement être vain, une femme assise au premier rang leva la main et dit nerveusement :

— Rosemary, mon mari s'appelle David et il est installateur de cuisines, est-ce que tout cela pourrait avoir un rapport avec moi ?

Tandis que je m'avançais lentement vers elle, les deux jeunes gens du monde des esprits s'approchèrent de moi, celui qui était mort d'un cancer à ma droite, celui qui était mort accidentellement à ma gauche, et je les entendis pousser un soupir de soulagement dès qu'ils furent liés au son et à l'énergie propres à la voix de cette femme. N'étant toujours pas certaine que la connexion soit la bonne, je demandai aux deux jeunes hommes de me fournir un détail supplémentaire, rien qu'un petit renseignement qui confirmerait que nous ne nous fourvoyions pas.

Les jeunes gens eurent un sourire de connivence et parlèrent à l'unisson, et lorsque je les entendis, je me penchai vers la femme et je lui pris doucement la main.

— Je dois juste vous poser encore une question avant d'aller plus loin, lui dis-je en souriant. Vous êtes-vous récemment acheté une nouvelle paire de chaussures rouges ?

La jeune femme me regarda, les yeux écarquillés, sous le choc, et répondit dans un souffle :

— Oui, effectivement, avant-hier, mais comment pouvez-vous le savoir ?

J'étais à présent convaincue d'avoir affaire à la bonne personne, et je répétai une fois de plus les paroles du jeune homme décédé d'un cancer : « C'est mon meilleur ami ; il travaille dans le bâtiment, il rénove et installe des cuisines ; j'ai vraiment besoin de lui transmettre un message, de lui faire savoir que j'ai survécu. »

— Eh bien, dit la jeune femme dont je tenais la main, un peu moins nerveuse à présent, mon mari s'appelle David et son meilleur ami, qui ressemble à votre description, est mort d'un cancer il y a quelques mois, il a perdu tous ses cheveux, et il plaisantait toujours sur son aspect. Il n'a pas vingt ans, il est plus âgé – il a vingt-huit ans – mais on lui en aurait donné à peu près seize... (Elle respira profondément et poursuivit :) J'ai une amie, en fait ma meilleure amie, et le meilleur ami de son mari s'est tué il y a quelques semaines dans un accident de moto.

Tandis que je souriais à la jeune femme, heureuse que nous ayons enfin correctement établi le contact, je saisis pleinement pourquoi il lui avait fallu si longtemps pour assembler les pièces du puzzle. Mon auditoire fit preuve d'une merveilleuse patience, finalement soulagé de voir la situation enfin démêlée.

Lorsqu'on commence à communiquer avec le monde des esprits, on peut être tellement obnubilé par l'interlocuteur recherché qu'on oublie facilement que ceux qui se manifestent ne sont pas toujours ceux auxquels on s'attend : les messages sont souvent destinés à des voisins ou amis, à des amis d'amis. Mais quand ceux du monde des esprits entrevoient une occasion de délivrer un message à quelqu'un qu'ils aiment et qui en a besoin, ils font tout leur possible pour la saisir. C'est précisément ce qui s'est produit dans ce cas.

J'ai finalement pu poursuivre et transmettre de nombreux messages émanant des deux jeunes hommes, dont le suivant – et non le moindre :

« Le meilleur ami de votre mari me dit que celui-ci songe à agrandir son entreprise et à prendre un associé : il veut acheter et rénover des maisons. Ce jeune homme tient à rassurer David, à lui dire qu'il est sur la bonne voie, mais qu'il ne doit pas prendre plus de chantiers qu'il peut en assumer. L'information est claire : dites à votre mari qu'il doit lire soigneusement tous les contrats avant de les signer, et qu'en affaires il doit veiller à ne pas déléguer. »

La jeune femme acquiesça, saisissant parfaitement tout ce qui lui était transmis, et après quelques messages de plus de la part des deux jeunes gens à l'intention de leurs amis et de leur famille, la communication prit fin.

Mes auditeurs étaient heureux que j'aie finalement élucidé cette histoire, j'étais satisfaite d'avoir pu remplir ma mission ; et, bien sûr, les deux jeunes hommes – celui qui était mort d'un cancer et celui qui s'était tué à moto – étaient également très heureux. Ils avaient apporté toutes les preuves possibles et imaginables de leur survie après la mort ; et ils essayaient de démontrer à leurs amis et à leur famille qu'ils avaient toujours envie d'être partie prenante dans l'existence qu'ils avaient laissée derrière eux.

Ces deux personnes, réunies par le hasard des circonstances et bien qu'elles aient trouvé la mort de façon tragique et différente, cherchaient désespérément à entrer en contact avec des êtres chers et, contre toute attente, leur persévérance avait fini par payer !

4

Une rencontre de hasard

Cette histoire commence avec une invitation lancée par une personne inconnue, et cette rencontre de hasard fut des plus inattendues et des plus insolites.

J'avais été invitée à un bal de charité organisé à New York, et la sollicitation émanait d'une femme que je n'avais jamais rencontrée et dont je n'avais jamais entendu parler.

L'organisme caritatif, de réputation internationale, m'était inconnu, et bien que je ne tienne habituellement pas compte des propositions de ce genre, je me demandais si, pour une fois, je ne pourrais pas faire une exception... J'ignorais alors à quel point cette décision allait affecter bien d'autres personnes – des inconnus qu'il ne me restait plus qu'à rencontrer !

Ma fille Samantha m'accompagnait, et nous nous étions mises sur notre trente et un pour l'occasion, bien décidées à nous amuser, sans avoir la moindre idée du scénario prévu. La femme qui m'avait invitée avait aussi emmené sa fille, et le courant passa immédiatement.

Pendant le dîner, nous étions toutes les quatre assises côte à côte et, au fil de la conversation, ma nouvelle amie se mit à me parler de sa cousine, dont elle était très proche, et qui venait de perdre son fils. Cet événement était, j'en suis sûre, à l'origine de son invitation.

Cette femme – appelons-la Maria –, une personne charmante, m'a tout de suite plu et, au cours de la soirée, j'ai découvert que sa fille, la famille de sa cousine et elle-même allaient être en Arizona la semaine suivante, au moment où j'y serais également pour un week-end de séminaire.

— Nous devrions tous nous retrouver et dîner ensemble, proposai-je naïvement.

C'était bien sûr le moment que Maria attendait, et elle me demanda si elle pouvait emmener sa cousine, son mari et leur fille. Je me rendis compte que je m'étais fait piéger. Depuis le début, Maria savait que je serais en Arizona et, de toute évidence, elle désirait plus qu'un simple dîner. Elle cherchait un moyen d'aider sa cousine, et elle espérait que j'arriverais peut-être à communiquer avec son fils décédé et que je pourrais leur transmettre un message de sa part.

C'était sans importance : je savais qu'à la place de Maria j'aurais pu réagir ainsi dans la même situation. Je savais que si j'avais perdu un proche, j'aurais eu envie de tout tenter pour obtenir de l'aide.

L'Arizona est un lieu tout à fait à part pour moi, car c'est le territoire d'Aigle Gris. Comme les autres fois, j'ai ressenti l'énergie du lieu dès ma descente d'avion, en compagnie de Mary Ann, une de mes étudiantes et amies, et Kay Frost, une amie de longue date, rencontrée des années auparavant lors d'un séjour chez elle à Hong Kong. Ni l'une ni l'autre n'étaient jamais venues en Arizona et, très excitées par ce séjour, elles s'étaient concocté un programme de visites alléchant.

L'une de nos premières sorties, l'une des plus importantes aussi, fut une excursion aux monts de la Superstition, près de Phœnix. C'est une imposante chaîne montagneuse, aride et désolée, à l'exception d'une zone au pied des montagnes où les promoteurs ont saisi l'occasion de construire ; cette chaîne fait partie du territoire où, autrefois, quand les pionniers et les colons partaient à la conquête de l'Ouest, et les soldats blancs s'emparaient des terres volées aux populations indiennes, de nombreux Apaches se cachaient pour leur échapper.

Les monts de la Superstition sont pour moi un haut lieu de spiritualité : c'est celui où mon esprit guide Aigle Gris et moi-même avons partagé des moments uniques et magiques, qui ont été une source d'inspiration dont on retrouve la trace dans plusieurs passages de mes autres livres.

J'avais évoqué ce lieu avec mes amies, Mary Ann et Kay, et je leur avais montré de nombreuses photos. Mais être là, au cœur de ce désert d'Arizona, saisissant et presque indescriptible, voir au-dessus de nous l'imposante majesté de ces montagnes, respirer l'air que respiraient déjà ces Apaches, tout cela nous laissait pétrifiées d'admiration et de respect. Avoir des connaissances à propos d'un lieu, voir des photos ou des films, n'a rien à voir avec l'expérience directe, et tandis que nous nous tenions à l'ombre des monts de la Superstition, un silence s'abattit sur nous, et nous fûmes toutes les trois submergées par la noblesse et la beauté du paysage alentour.

J'étais avec mes amies, attendant tranquillement ce qui, je le savais, n'allait pas manquer d'arriver, et comme prévu, au bout de quelques instants, j'entendis le lointain roulement de tambour du passé, porté d'écho en écho à travers les montagnes – rituel ancestral pour fêter ma venue. J'aperçus de nombreux Apaches, ceux qui, depuis longtemps, ont quitté cette terre, revenus ici pour me saluer, et saluer le retour d'Aigle Gris sur son territoire.

Avant d'avoir le temps d'y réfléchir, j'eus l'impression d'être l'un d'entre eux, je me sentais connectée, branchée sur cette énergie du passé et sur celle du peuple apache; et, tandis que ce sentiment familier me submergeait, je savais que j'étais également de retour « chez moi »; avec la sensation d'un juste rapport au monde, à mon travail; d'un juste rapport avec ma foi, avec mon Dieu.

Je restai immobile et silencieuse, respirant à pleins poumons l'instant présent, et j'observai la scène : je vis une femme apache, issue du clan des anciens, des sages, vêtue du costume traditionnel, la tête et les épaules enveloppées d'un châle. Je la vis descendre lentement du flanc de la montagne et s'avancer vers moi, les mains ouvertes en signe de bienvenue, et, à mesure qu'elle s'approchait, je sentais son énergie, son pouvoir de guérison entrer en moi comme un souffle. J'éprouvais un sentiment de plénitude alors que le calme et la paix descendaient sur moi, et je savais que, quelle que soit l'intensité des efforts à déployer dans les jours à venir, quels que soient les impératifs, je trouverais le temps et la force d'aider toute personne ayant besoin de nous.

Je repris la route avec mes amies, sur la piste des Apaches, et j'étais triste de voir que la civilisation avait fini par la rattraper, triste de constater que les vieilles routes avaient été pavées – ce qui signifiait que voitures, camions, bateaux et caravanes pouvaient désormais passer –, mais j'étais reconnaissante de voir qu'en dépit de tout cela la beauté, la vraie majesté des montagnes et des lacs étaient toujours là, et que l'énergie de la culture des Indiens d'Amérique perdurait.

Je retrouvai à New York mon amie et sa cousine, ainsi que leur famille, un jeudi soir. Le hasard fit que la famille de Maria avait pour langue maternelle l'espagnol.

Cela faisait environ trois jours que j'étais à Phœnix et j'avais travaillé pour une équipe de télévision californienne. Par un autre effet du hasard, ils faisaient partie d'une société latino-américaine appelée Eurovision, dont j'avais rencontré le directeur quelques années auparavant au Mexique, où j'avais participé à une émission de radio qu'il produisait. Raúl, mexicain, parlait espagnol, c'était un être merveilleux, gentil et sensible à l'extrême, très intéressé par mon activité. Il m'avait dit que, lors de notre première rencontre, il ne savait rien de moi, et c'est par pur hasard – là encore – qu'il se trouvait ce matin-là à la station radio pour remplacer au pied levé le présentateur habituel. Bien entendu, le monde des esprits ne laisse jamais rien au hasard : nous nous trouvions dans un local exigu et bondé, comme le sont la plupart des studios, et, à peine installée, je vis des êtres se rassembler autour de moi. Je savais que, outre ceux qui étaient désireux de transmettre des messages, il y avait également quelqu'un en particulier qui attendait d'entrer en contact avec Raúl. L'interview suivit son cours, de nombreux auditeurs appelaient, et c'est vers la fin de notre temps d'antenne, tandis que Raúl me posait encore une question, que je vis clairement son père. Celui-ci avait beaucoup de choses à lui dire et, l'occasion lui étant donnée, il en profita pleinement : il était venu du fin fond du monde des esprits afin de transmettre à Raúl des messages d'espoir, de réconfort et d'amour; il voulait désespérément faire savoir à son fils qu'il avait survécu à la mort et était toujours à ses côtés, très présent dans sa vie dont il faisait toujours partie.

Ainsi qu'il me le rappela ensuite lorsqu'il me téléphona pour me demander de participer à une émission télévisée, cette expérience avec son père avait changé sa vie. Raúl m'expliqua qu'il voulait produire une émission dédiée à mon travail; il voulait partager avec d'autres la même incroyable aventure que celle qu'il avait vécue. Raúl et son équipe étaient donc venus en Arizona pour me filmer au sein de mes ateliers et me suivre au fil de mes activités.

J'avais proposé à Maria et sa famille de faire étape dans une maison louée par mes soins et j'avais aussi invité Raúl et son équipe. Bien sûr, même si je conseille toujours aux gens de ne pas caresser trop d'espoirs, j'étais moi-même pleine d'espérance, aussi désireuse que tous les autres de voir ce travail aboutir avec succès.

Comme d'habitude, je commençai par demander à Aigle Gris de m'aider, à l'affût d'un signe du monde des esprits, d'un mouvement, d'un son, et je n'eus pas à attendre longtemps. Je le vis tout de suite – c'était un jeune homme d'une vingtaine d'années, beau, la peau mate, un splendide sourire; il se tenait là, debout entre ses parents, impatient d'intervenir. Son décès remontait seulement à quelques semaines, mais, de toute évidence, il n'avait aucune inhibition quant à son désir de communiquer, et j'étais ravie pour ses parents et sa sœur. Il les bombardait de messages, confirmant avec insistance la réalité de son existence après la mort.

À un moment donné, le jeune homme se mit à décrire ce qui lui était arrivé, et je me rendis tout de suite compte qu'il s'agissait d'une mort mystérieuse : un accident sans témoins, personne pour en décrire les circonstances. C'est au fur et à mesure que le garçon m'expliquait les faits que je me sentis partir, lentement d'abord, puis plus vite, et remonter avec lui dans le passé, franchissant le sas du temps et de l'espace, jusqu'à l'instant et jusqu'au lieu de sa disparition.

En l'espace de quelques secondes, je me retrouvai au beau milieu des bâtiments de son université; je regardais en silence la foule des jeunes étudiants et j'entendais leurs cris joyeux parcourant les lieux. Je remarquai l'atmosphère d'excitation qui régnait et compris très vite que tout le monde célébrait la fin du trimestre. Je continuai à observer les groupes bruyants et excités, qui riaient et criaient, se bousculaient en traversant le campus, longeant les balcons pour regagner le hall d'entrée par les couloirs.

Je me sentis de nouveau partir, parcourir les différentes zones de la faculté les unes après les autres, me glissant silencieusement parmi la foule, et j'avais l'impression de flotter tel un fantôme, jetant au passage un coup d'œil par les portes ouvertes. Je souriais au spectacle de cette joie, de ces jeux, mais c'était un sourire triste car je savais que j'allais être témoin d'une tragédie.

Je l'aperçus d'abord dans son dortoir : il riait et bavardait avec ses amis, profitant de ce dernier jour du trimestre, excité à la perspective des vacances toutes proches. J'attendis, bougeant de nouveau à mesure que le temps défilait; soudain, il se fit tard, la nuit et l'obscurité tombèrent. Je le vis debout sur le balcon puis, au ralenti, tandis que je continuais d'observer la scène, je le vis basculer, tête la première, par-dessus les grilles et tomber dans le bassin en contrebas ; je vis le bassin rougir de son sang; je vis sa nuque bizarrement arquée, brisée, et qui saignait... Et je vis ses amis qui étaient avec lui se détourner, craignant d'en avoir trop vu.

Je retraversai le temps, revins au présent et racontai lentement l'essentiel à la famille du jeune homme, mais en voyant ses parents et sa sœur se tordre les mains de douleur, en voyant leurs larmes couler, je savais qu'aucun d'entre eux ne saurait jamais toute la vérité sur ces événements.

J'avais mes propres interrogations. Que s'était-il passé au niveau de sa nuque ? Comment cette blessure avait-elle été infligée ? Je ne doutais pas de ce que j'avais vu : avant sa chute, la blessure était bel et bien là, mais comment était-ce arrivé ? Je savais que je n'obtiendrais pas de réponses, que l'entière vérité ne me serait jamais dévoilée ; j'avais cette certitude car je savais aussi que le jeune homme voulait qu'il en soit ainsi. Il ne dévoilerait jamais son secret.

Ce n'était pas la première fois que j'étais confrontée à une telle situation ; en de nombreuses occasions, je n'avais pas tout vu. Je n'étais pas censée tout voir, et j'avais appris que tel était parfois l'ordre des choses et que je n'y pouvais rien changer.

Le monde des esprits garde quelquefois ses secrets, et nous devons simplement lui faire confiance, admettre que s'il en est ainsi, c'est qu'il vaut mieux ne pas tout savoir ; il agit pour notre bien, notre tranquillité d'esprit, parce qu'un autre projet est en place – un plan plus vaste.

Au niveau humain qui est le nôtre, nous nous focalisons souvent sur de petites choses, incapables de distinguer l'ampleur du tableau ; nous pouvons être obnubilés par des détails qui nous semblent importants, mais qui, dans une plus large perspective, ne le sont guère. Je me souviens d'un jour où les parents d'un enfant assassiné voulaient des renseignements sur le meurtrier. Ils voulaient connaître son identité – ce qui est compréhensible –, mais c'est une information que j'ai été incapable de leur donner, et quand j'ai voulu savoir pourquoi, Aigle Gris m'a expliqué qu'il valait mieux que certaines choses restent entre les mains de Dieu. Les parents avaient toute ma sympathie, je comprenais leur désir de savoir, mais j'avais toute confiance en Aigle Gris et je n'ai pas mis en doute sa sagesse.

J'étais donc là, face à la famille de ce jeune homme, et tout en comprenant leur trouble sur le fait que je voyais tant de choses – mais pas tout –, j'étais déterminée à essayer de changer leur angle de vue au sujet du décès de leur fils. Je voulais les aider à comprendre que la façon dont les événements s'étaient déroulés avait beaucoup moins d'importance que le fait qu'il ait survécu à la mort et qu'il soit toujours auprès d'eux. Je commençai donc par demander au jeune disparu de relater quelques souvenirs partagés avec sa famille, et le fils ne tarda pas à les faire rire, leur rappelant les bons moments vécus ensemble. Il plaisantait sur ses chamailleries avec sa sœur, sa façon de le faire filer droit, mais il évoqua aussi le fait que tous deux avaient toujours été très proches, et il lui dit clairement qu'il en serait toujours ainsi, qu'il se tiendrait à ses côtés pour le restant de sa vie – jusqu'à ce que le moment soit venu pour elle de le rejoindre.

Après plusieurs heures d'échanges, beaucoup de larmes et de rires, vint finalement le moment de rentrer. Raúl et son équipe avaient filmé toute la scène et interviewé la famille, en espagnol, pour l'émission spéciale, qui devait être diffusée à la télévision quelques semaines plus tard. Au moment de quitter enfin les lieux, il y eut des embrassades, et j'allai me coucher ce soir-là en remerciant Dieu du cadeau qu'Il nous avait fait à tous.

Une ou deux semaines après la diffusion du programme de Raúl, un homme appela mon bureau, demandant à me parler. Il expliqua qu'il avait vu l'émission un peu par hasard, ce qui lui avait vraiment donné envie de s'entretenir avec moi. Il avait besoin de mon aide, disait-il, pour entrer en contact avec sa fille Louisa, une jeune femme d'une vingtaine d'années morte dans un accident. J'ai bien sûr accepté.

Nous faisons des tas de choses par hasard. Nous allumons la télévision, et un message nous attend. Nous allons au supermarché, et nous croisons quelqu'un qui peut nous aider. Nous partons en voyage, et un événement a lieu qui nous inspire et nous empêche de céder à la folie d'un monde où des choses incroyables peuvent se produire – et se produisent effectivement.

Le hasard frappe sans cesse à notre porte, de même que nos anges tissent leur toile magique et que le monde des esprits trouve les moyens de nous aider à retrouver notre force et à garder notre foi.

Je crois, du fond du cœur, qu'il n'y a pas d'accidents dans la vie, que rien dans l'univers n'est laissé au hasard, et je crois au plus profond de mon cœur que la main de Dieu est là, présente en toutes choses.

5

Condamné

Il m'avait écrit de prison, où il purgeait une peine de dix ans pour conduite en état d'ivresse. C'était sa troisième condamnation pour le même motif et il avait épuisé tous les recours. À l'époque où je reçus sa lettre, il avait effectué à peu près la moitié de son temps d'incarcération, mais quelque chose de terrible était arrivé, et il avait l'impression de n'avoir personne d'autre vers qui se tourner.

Sa femme avait divorcé bien avant son incarcération ; ses enfants l'avaient désavoué parce qu'il était perpétuellement ivre ; il avait le vin mauvais et, en tant que père, donnait un exemple déplorable. Cet héritage affecta particulièrement son fils, qui tomba à son tour dans l'alcool.

Joe m'expliquait tout cela dans sa lettre, vidant son sac. N'ayant plus d'autre choix que la sobriété, pour la première fois depuis son adolescence il commençait à voir les choses en toute lucidité et à admettre sa part de responsabilité dans tous les malheurs advenus au cours de sa vie d'adulte.

Les séances de soutien auxquelles il avait participé ces cinq dernières années lui avaient appris une ou deux choses à son sujet – choses qui ne lui plaisaient pas – et il semblait en bonne voie de guérison. Pourquoi m'écrivait-il alors ?

C'est simple : il m'avait vue à la télévision et savait que je pouvais parler aux morts. Joe venait d'apprendre la pire nouvelle qui soit pour un parent : son fils était mort, et quand il avait demandé comment, on lui avait précisé qu'il s'était pendu.

Du fond de sa cellule, Joe pleurait amèrement, il se blâmait, convaincu que s'il avait été un meilleur père, son fils serait toujours de ce monde. En lisant sa lettre, je comprenais les raisons de ses états d'âme.

Seul face à sa douleur, sans personne pour l'aider, à part le responsable qui le suivait en prison, Joe était inconsolable. Jour après jour sa vie défilait devant lui, tandis qu'il repassait en boucle tous les moments affreux infligés à ses enfants et à sa femme, les propos et les gestes terribles dont il avait été l'auteur, et il vivait un enfer.

Certains – dont la femme de Joe, ce que l'on peut comprendre – diraient qu'il avait créé cet enfer de ses propres mains et récoltait ce qu'il avait semé; qu'il méritait toute la douleur et tout le chagrin qu'il subissait. Je ne faisais pas partie de ceux-là.

Il y a quelques années, j'ai eu une relation avec un alcoolique et j'ai dû subir tous les dégâts et la confusion qu'apporte un tel lien. L'expérience ne fut guère plaisante, mais elle m'a appris, entre autres choses, la tolérance et la compréhension à l'égard de la faiblesse humaine.

Je répondis à Joe, faisant tout mon possible pour le réconforter, et je lui fis parvenir des livres – je sais qu'il les a lus – pour lui permettre de mieux comprendre ce qui était arrivé à son fils et où il pouvait se trouver à présent. Joe répondit à mon courrier pour me remercier et me dire l'impact qu'il avait eu sur lui. J'ai pensé que les choses allaient en rester là.

Cinq années s'écoulèrent, et cela faisait longtemps que je n'avais pas pensé à Joe lorsque j'eus la surprise de discuter avec lui à l'occasion d'une consultation téléphonique. Il évoqua ses lettres, m'expliqua qu'il était sorti de prison depuis quelques mois, et il espérait vraiment que je sois en mesure d'établir un contact avec son fils.

C'était l'aspect le plus facile, car le fils de Joe, Mark, était prêt à se lancer, à oser, et, en dépit du fait qu'il s'était suicidé et était foncièrement émotif, la communication fut bonne dès le début. Mark commença par décrire les circonstances de sa mort et insista tout de suite sur le fait que son père, même s'il s'était senti responsable, n'aurait rien pu changer au scénario.

« Mon heure était venue, papa, l'entendis-je dire d'une voix claire. J'étais vraiment déprimé parce que je n'arrivais apparemment pas à orienter ma vie. C'est moi qui ai choisi de boire, papa, tu n'avais rien à voir là-dedans ; puis j'ai entendu une voix me dire que mon heure était venue, qu'il fallait rentrer " à la maison " ; j'ai entendu la voix de

Dieu, j'ai vu les anges et j'ai su ce qu'il me restait à faire. Ce fut vraiment très beau. Lorsqu'ils m'ont emporté, je me suis senti en sécurité pour la première fois de ma vie. »

Tandis que je répétais ces mots, Joe se mit à pleurer et dit à son fils combien il regrettait d'avoir été un si mauvais père, mais Mark l'interrompit : « Tu as fait de ton mieux; tu ne savais pas; aucun d'entre nous ne savait comment faire pour que les choses aillent mieux; maman ne savait pas, et personne n'est à blâmer. »

Quand Joe entendit ces paroles, il sut que le temps était venu pour lui d'en finir avec sa culpabilité et de revivre enfin, et, par mon intermédiaire, il demanda à son fils de l'aider. Mark débordait de joie. « Cela fait cinq ans que j'attends ça de mon père. Moi aussi j'ai vécu dans la culpabilité, papa; j'ai vu l'impact de mon comportement sur les autres, toutes les larmes qu'il a suscitées, mais s'il te plaît, tâche de dire à tout le monde que je n'ai jamais eu l'intention de blesser qui que ce soit, et que, quand Dieu appelle ses anges pour qu'ils nous emportent, nous n'avons pas le choix : mon heure était venue, voilà tout. »

Tandis que la consultation se poursuivait, Mark délivra à son père quantité de messages merveilleux et une description détaillée de ce que Joe avait fait, de son lieu de travail en prison, afin que son père sache qu'il était resté à ses côtés et l'avait souvent entendu lui parler. Pour Mark, la question majeure était son désir d'aider son père à continuer à progresser et à apprendre. Il savait que celui-ci était alcoolique, et qu'un alcoolique est toujours tenté de boire, même après des années de sobriété. En un sens, il avait été facile pour Joe d'être sobre tant qu'il était en prison, parce qu'on n'y avait pas aisément accès à l'alcool ; mais une fois libéré, il se retrouvait seul ; Joe pouvait facilement être tenté de boire, juste un petit verre, d'autant plus que sa vie était loin d'être facile, ce qui le replongerait immédiatement dans un cauchemar.

« Dites à mon père qu'il peut y arriver à présent, dites-lui de se souvenir que je suis toujours là, à ses côtés, et que je l'aimerai toujours quoi qu'il arrive, confia Mark, ému aux larmes. Dites-lui que mon bonheur dépend du sien, car il est mon père et je suis son fils, pour toujours… »

Joe et moi avons longuement parlé après cette première consultation, et je l'ai écouté me raconter à quel point les choses avaient été dures pour lui. À aucun moment il n'a accusé quiconque d'être responsable de sa situation ; jamais il ne s'est plaint ni apitoyé sur lui-même, il regrettait simplement que ses choix aient été la cause de tant de malheur et de détresse chez bien d'autres personnes.

— Quand on est sur la mauvaise pente, dit Joe, on ne réfléchit pas aux conséquences de ses actes, ni pour soi-même ni pour les autres. Tout ce que je peux faire aujourd'hui, c'est promettre à mon fils que je vais faire un travail sur moi, du mieux possible, et que je l'écouterai et me laisserai guider par lui.

Tout cela eut lieu il y a longtemps, et bien que je lui aie dit qu'il pouvait me téléphoner en cas de besoin, cela faisait des mois que je n'avais pas eu de nouvelles de Joe – jusqu'à hier. C'était mon anniversaire et il appelait pour me transmettre ses vœux :

— Ce n'est pas seulement pour vous, Rosemary, que ce jour est un jour à part, dit-il. Il l'est aussi pour moi. Je fête aujourd'hui mes treize ans d'abstinence.

6

Le tendre piège

Je suis souvent étonnée de constater à quel point l'être humain est enclin à se laisser entraîner dans des situations complexes, à cause de la solitude, parfois la haine de soi, par habitude, et souvent en raison d'une forme d'amour à la fois naïve et malencontreuse.

L'histoire de Joe nous montre comment certaines décisions prises dans sa jeunesse ont causé des ravages dans sa vie d'adulte, subis autant par lui-même que par les autres ; et même si de nombreuses raisons expliquent ses choix, aucune ne forme une excuse valable – et je sais qu'il serait le premier à l'admettre.

Il est très facile, surtout quand on est fragile et anxieux, de tomber dans le piège de l'autodestruction. L'histoire qui suit en est un bon exemple.

Elle avait rendez-vous à 10 heures, appela pile à l'heure, et j'entamai la conversation avec une jeune femme d'à peine trente ans.

— Je ne veux parler à personne de décédé, dit Lily d'emblée, en toute franchise. Je veux seulement une « séance de prospective » concernant ma vie.

Ce n'était pas la première fois qu'on me le demandait et je souris en entendant ce terme en vogue qui veut simplement dire : Prédisez-moi mon avenir.

Je regardai Aigle Gris et lui demandai ce que je devais faire. Il suggéra en souriant que je pourrais peut-être, avant de commencer à parler de l'avenir, m'adresser, dans le monde des esprits, à la grand-mère de Lily qui attendait patiemment de parler à sa petite-fille. Tandis qu'il me faisait cette suggestion, il invita à s'approcher une petite dame aux cheveux blancs qui, avec un sourire radieux et un regard pétillant, entra avec aisance en communication.

« Elle a vraiment besoin de votre aide, Rosemary, dit la grand-mère de Lily d'un ton assuré. Il s'agit de l'homme avec qui elle sort », et avant même que je réagisse, toute l'histoire fut dévoilée.

Lily, qui portait le prénom de sa grand-mère, fréquentait un jeune homme depuis près de deux ans. Ils avaient un bébé de cinq mois. C'était son deuxième fils, elle était tombée enceinte à l'adolescence, mais le père était parti en la laissant avec le petit garçon, à présent âgé de onze ans.

Lily m'appelait aujourd'hui parce qu'elle voulait savoir ce qui allait arriver à son petit ami, et si je pouvais l'aider d'une quelconque manière. Il était jeune et beau, très romantique et charmant. Lily était follement amoureuse de lui et voulait l'épouser. Elle rêvait du jour où, une fois devenue sa femme, ils auraient leur propre logement et pourraient vivre ensemble avec les deux garçons.

Le problème, m'expliqua sa grand-mère, c'est qu'il venait d'être arrêté et incarcéré pour vol, conduite en état d'ivresse et trafic de drogue. Apparemment, c'était sa troisième arrestation pour les mêmes motifs et cette fois-ci, à coup sûr, il ne s'en tirerait pas.

— Le verdict va tomber la semaine prochaine, dit Lily, confirmant les propos de sa grand-mère, et je suis autorisée à parler au juge en tant que témoin à décharge. J'ai pensé que vous pourriez me conseiller sur les propos à tenir, pour inciter le juge à la clémence, car mon ami risque une peine de prison de cinq ans, voire plus.

Tout en écoutant Lily, je regardais sa grand-mère pour voir sa réaction, puis Aigle Gris pour vérifier si je n'étais pas passée à côté de quelque chose. Avais-je bien compris : cette jeune femme était-elle en train de me demander de l'aider à tirer son ami d'affaire ?

Je fis non de la tête ; la grand-mère et Aigle Gris firent de même – non, cette fois-ci, aucun d'entre nous ne désirait aider le jeune homme, car il refusait de s'aider lui-même et d'admettre ses torts ; cependant, la grand-mère espérait vraiment qu'en lui disant les choses franchement et en lui donnant quelques conseils pragmatiques, nous pourrions peut-être soutenir Lily.

Son petit ami avait toutes sortes de dons : expert en séduction, c'est grâce à son charme qu'il était entré dans la vie de Lily. Il vivait à ses crochets, sans jamais participer aux frais du ménage, lui empruntant souvent de l'argent qu'il ne remboursait jamais. Il profitait de son amour et enjolivait les choses, lui confiant qu'il l'aimait et qu'elle jouissait d'une place à part. Lily, sensible et anxieuse – et amoureuse –, était tombée sous le charme.

Chaque fois qu'il buvait trop, ou qu'il se droguait – chose fréquente –, elle lui demandait des comptes. Mais il avait toujours une bonne excuse, qu'elle finissait immanquablement par admettre. Il blâmait sa famille, mentait en affirmant que ses parents l'avaient maltraité, mais Aigle Gris me fit clairement savoir que ceux-ci l'avaient en fait trop gâté ; il accusait le policier chargé de superviser sa liberté conditionnelle de ne pas le comprendre. Lily, qui avait désespérément besoin d'être aimée, de voir ses rêves se réaliser, gobait toutes ses paroles.

Il ne faisait aucun doute qu'il serait incarcéré, et pour longtemps ; et qu'il accuserait les autres d'être responsables de ses malheurs. Lorsque j'évoquai tout cela avec Lily, lui expliquant que ces renseignements me venaient de sa grand-mère et de mon esprit guide, elle nia farouchement le fait que son ami se servait d'elle. À court d'arguments, elle répétait qu'il l'aimait.

Quand je l'interrogeai au sujet de l'argent qu'il lui devait, elle affirma qu'il la rembourserait dès que possible, bien que j'aie fait remarquer que l'emprunt remontait à plus d'un an et qu'elle n'avait toujours pas reçu un centime.

Lorsque je lui demandai pourquoi elle voulait qu'un tel homme soit impliqué dans la vie de ses enfants, Lily me dit à quel point il était gentil avec eux ; quand je lui demandai ce qu'elle ferait lorsqu'elle serait obligée d'emmener le petit garçon dans l'enceinte de la prison pour qu'il rende visite à son père, elle se mit à pleurer et lui trouva des excuses ; finalement, je vis une lueur de compréhension dans ses yeux lorsque je l'interrogeai sur ce qu'elle éprouverait si son fils aîné suivait la même voie que son ami – drogues, cambriolages, vols à l'arraché. Sa grand-mère commença alors à sentir que nous étions enfin en train de toucher sa petite-fille. Après l'avoir écoutée un bon moment, Lily finit par ouvrir les yeux et admettre la véracité des propos de son aïeule.

— Mais voyons, Lily, c'est cet exemple-là que vous voulez pour vos enfants ? lui demandai-je en essayant d'être aussi douce que possible.

Lily, gentille, bonne et aimante, parvint enfin à reconnaître que sa relation avec ce beau jeune plein de charme était une erreur, non seulement pour ses enfants, mais aussi pour elle-même.

« Je ne vais pas mâcher mes mots, Lily, dit la grand-mère, c'est un menteur, un tricheur et un voleur. Il est égoïste et ne changera pas d'un pouce tant qu'il ne cessera pas de blâmer les autres pour justifier ses actes ; et tu vois, Lily, poursuivit-elle d'un ton sévère, tes fils méritent mieux que ça. »

Certes, les mots étaient rudes et durs à entendre, mais Lily avait commencé à admettre que sa grand-mère avait raison et, au fond de son cœur, elle-même connaissait la vérité depuis le début. Elle se sentit soulagée d'être au moins capable d'envisager un meilleur avenir. Elle s'était laissé duper par ses rêves, prendre au tendre piège de l'amour, et le temps était venu de s'en libérer.

— Qu'est-ce que ma grand-mère a d'autre à me dire ? demanda Lily tout en séchant ses larmes, et je souris à la vieille dame en rapportant ses propos à sa petite-fille.

— Elle te dit de prendre tes jambes à ton cou, Lily, quitte-le, cours aussi vite que tu peux et recommence ta vie à zéro ; tu n'as pas besoin d'un homme tel que lui ; ce qu'il te faut, c'est quelqu'un qui t'aime et te respecte, qui prenne soin de toi et de tes fils ; et si tu sais attendre, si tu prends le temps de connaître un homme avant de céder à ses avances, tu trouveras le bonheur que tu mérites tant, et tous tes rêves se réaliseront.

Le conseil est bon, mais Lily le suivra-t-elle ? Eh bien, voyez-vous, j'ai nettement l'impression que oui !

7

Nous ne sommes que des humains

Nous avons tous, à un moment ou à un autre, besoin d'être rassurés, de nous savoir aimés et estimés. Mais même si nous savons au plus profond de nous qu'on nous aime, cela ne suffit pas toujours, nous avons besoin que les choses soient dites, que nos espoirs soient confirmés.

Nous ne sommes que des humains, voilà tout. Il nous arrive parfois d'être las et de douter de nous-mêmes. Dans ces périodes, nous ressentons la nécessité d'une confirmation : ce que nous faisons convient-il ?

Quand nous perdons quelqu'un, en particulier un enfant, ou si cette perte est due à un meurtre, un suicide, ou à de graves souffrances, la plupart d'entre nous remettent les choses en question ; dans ces moments-là, les doutes qui peuvent être les nôtres à propos de Dieu, d'une instance supérieure, peuvent nous submerger.

C'est quand nous luttons pour découvrir les causes de toutes ces horreurs, quand nous sommes en quête de réponses, que nous doutons le plus. Et c'est là que nous sommes susceptibles de chercher de l'aide auprès d'un prêtre, d'un pasteur ou d'un médium. Dans les instants de doute et de confusion, nous sommes nombreux à être en quête de signes qui confirmeraient la présence de Dieu, de nos anges, des êtres chers qui nous ont quittés.

Ces signes se présentent le plus souvent sous forme de pièces de monnaie qui semblent être miraculeusement tombées à nos pieds ; ou de l'apparition de papillons et de libellules ; ou encore d'oiseaux, de lumières dansantes et de plumes. Cela n'est qu'un échantillon des manifestations les plus communes auxquelles (de l'avis de nombreuses personnes, dont je fais partie) nos chers disparus, désormais dans le monde des esprits, peuvent recourir – et recourent, de fait – afin de nous prouver qu'ils sont toujours présents dans nos vies.

Mais même face à ces signes, nous avons toujours besoin d'entendre confirmer le fait que nous ne sommes pas seuls, que notre façon d'agir, de croire, de vivre, est la bonne. Et nos prêtres, nos pasteurs, nos médiums, nos maîtres et nos guides font partie de ceux qui devraient douter le plus ; ce sont eux qui devraient être le plus dans le questionnement ; ce sont eux qui détiennent tout pouvoir quant au bonheur et à la paix intérieure de chacun ; c'est à eux que se fient la plupart d'entre nous – nous les respectons, nous estimons qu'ils sont détenteurs d'innombrables réponses.

Voilà plus de trente ans que je suis médium et guérisseuse, et pendant tout ce temps j'ai connu le questionnement, l'incertitude et la remise en cause. Je n'ai pas mis en doute l'existence de Dieu, d'une instance supérieure à l'œuvre ; l'objet de mes doutes n'est autre que moi-même.

Ne sachant jamais quel degré réel d'influence j'ai dans la vie des gens, si ce que je fais est suffisant ou si j'aurais pu mieux faire, je doute toujours de mes propres capacités et suis donc obligée de m'en remettre à Dieu, de lui faire confiance.

Je ne suis qu'un être humain et, comme mes semblables, j'ai besoin d'une confirmation. Le plus souvent, celle-ci me vient sous la forme de messages en provenance du monde des esprits, que j'arrive à transmettre. Quand j'entends l'ébahissement dans la voix d'une personne lorsque nous sommes en contact avec un être cher disparu ; quand je suis témoin de l'émotion suscitée par une communication réussie ; quand je perçois la réaction de ceux du monde des esprits dès lors que leurs messages sont reçus et compris, alors j'ai la confirmation du bien-fondé de mon action. Pourtant, simple être humain, je continue à douter de moi-même, et c'est ça qui me permet de garder les pieds sur terre, qui me pousse à faire des efforts pour m'améliorer.

Ce livre contient de nombreux exemples montrant comment j'obtiens la confirmation dont j'ai besoin, m'indiquant que je suis sur la bonne voie. En voici deux.

LA DISPUTE

— Tout le monde se croit capable de résoudre ses problèmes dès le lendemain, comme je m'en croyais capable, mais parfois ce jour n'arrive jamais.

L'homme qui se tenait à mes côtés secouait la tête, incapable de retenir ses larmes, et tout mon cœur se tournait vers lui, partageant son terrible chagrin.

— Nous avons eu une dispute, elle ne voulait plus m'adresser la parole, et moi non plus, expliqua-t-il, la situation était bloquée ; nous étions aussi têtus l'un que l'autre, refusant d'admettre nos torts. Je l'ai laissée rentrer chez elle, pensant qu'une fois calmée elle verrait que j'avais raison.

J'animais un atelier, et l'homme à qui je parlais s'était manifesté depuis le monde des esprits dans l'espoir d'entrer en contact avec sa fille, assise en face de moi. Tout en lui transmettant les paroles de son père, je me sentais partir, franchir le sas du temps, revenir à l'époque où il était vivant, sur le plan terrestre, jusqu'à l'instant de la dispute.

Le père et la fille se trouvaient dans le hall d'entrée de la maison paternelle, se querellant parce qu'elle ne venait pas le voir assez souvent.

« Il n'y en a toujours que pour toi ! criait-elle. Ça t'est égal que je sois débordée et pas forcément prête à faire ce qu'il te plaît.

— Non ! hurla-t-il en réponse. Il n'y en a toujours que pour *toi*. Que crois-tu que ta mère ressente quand elle est obligée de te supplier de venir, pour pouvoir passer un peu de temps avec toi ? »

Tandis que je me tenais à l'arrière-plan, les écoutant s'affronter tous les deux, je me rendais bien compte que la fille ne céderait pas ; furieuse de voir son père la culpabiliser, elle refusait obstinément d'admettre que son argument était valable. Et je voyais que lui ne céderait pas non plus ; furieux qu'elle ait blessé son épouse et mère, il refusait d'admettre que les actes de sa fille n'étaient pas intentionnels. Dans l'impasse, ils se dirent des choses blessantes et mesquines, des mots rageurs sur lesquels ils n'eurent ensuite jamais l'occasion de revenir.

Alors que j'étais dans l'entrée, le temps bascula de nouveau et je me sentis avancer un peu : trois heures plus tard, après que la fille avait rageusement claqué la porte sans dire au revoir. Son père était dans la cuisine en train de boire un verre d'eau, et je le vis crisper sa main sur son bras, essayer de reprendre son souffle – et j'étais là, témoin impuissant, incapable de l'empêcher de s'affaler sur le sol. Père et mari aimant, il était parti sans la moindre chance de pouvoir dire adieu. Une crise cardiaque l'avait terrassé.

Le temps fluctua de nouveau ; j'étais de retour dans le présent, mais toujours à cheval entre deux mondes. D'un côté, une jeune femme avec sa culpabilité et sa honte d'avoir ainsi traité son père, et ses dernières paroles qui la rongeaient et détruisaient sa vie ; de l'autre, un homme de soixante-deux ans avec son angoisse et sa douleur, et les dernières paroles qu'il lui avait adressées détruisant la paix de son âme et l'empêchant d'aller de l'avant. Tous deux étaient bloqués en raison de leur obstination – de leur humanité aussi.

« Nous avons toujours été les mêmes, dit le père, tous les deux têtus comme une mule. Nous voulions toujours avoir raison. »

« Nous avons toujours été les mêmes, tous les deux têtus comme une mule, dit la fille, pleurant sans se cacher ; et beaucoup de participants pleuraient aussi, tant ils s'impliquaient dans la situation dont ils étaient témoins. Nous voulions toujours avoir raison. »

Lorsque je rapportai à la fille et au père leurs propos identiques et simultanés, ils se mirent tous deux à rire à travers leurs larmes.

« C'est exactement ce que nous n'arrêtions pas de dire », confirmèrent-ils à l'unisson, et je me mis à rire, l'auditoire de même, parce que nous savions que tout allait bien se passer.

« Nous ne sommes que des humains, et en termes d'humanité nous voudrions tous faire mieux mais, expliquai-je en regardant successivement le père et la fille, comprenez bien ceci : quel que soit le mal que nous faisons et la gravité des blessures que nous infligeons, l'amour guérit tout.

Vous vous êtes toujours disputés, c'était votre mode de communication, et c'est simplement devenu une habitude. Vous avez tous les deux un fort caractère, vous vous entêtez à toujours vouloir avoir raison, mais votre amour l'un pour l'autre ne fait aucun doute, ne laissez donc pas la culpabilité et l'angoisse, liées à ce qui n'était rien d'autre qu'une dispute idiote parmi d'autres, remettre en cause le fait que vous serez toujours unis et que votre amour ne s'effacera jamais. »

Cette histoire est loin d'être inhabituelle, je suis régulièrement confrontée aux mêmes questions, j'entends souvent parler de disputes ou de problèmes restés en suspens et qui persistent après le décès des personnes impliquées. Je me rappelle très bien avoir parlé à une femme venue en avion du Nebraska pour participer à un atelier. Elle avait un accent américain prononcé et demanda si les esprits nous entendaient encore, même si on ne parlait pas très fort. J'ai tout de suite vu son père debout à ses côtés. Il me dit qu'il était mort d'une crise cardiaque, de manière soudaine et sans signes avant-coureurs. Il était parti sur une fausse note, expliqua-t-il, laissant derrière lui quantité de querelles familiales et de malentendus. Je me souviens à quel point il était important à ses yeux de transmettre à sa fille un message qui donne une clé aux problèmes, lui enjoignant de ne pas cultiver la rancune.

Mais nous ne sommes que des humains, de sorte que, souvent – même si nous ne sommes pas dupes, et en dépit de tout l'amour dont nous sommes capables –, nous oublions que la vie est courte, très courte.

Dans ces situations où le besoin d'avoir le dernier mot devient un point crucial (et, croyez-moi, il ne manque pas d'exemples où l'obstination peut démolir toutes sortes de relations), je pose systématiquement la même question, simple mais importante : « Avez-vous envie d'avoir raison ou d'être heureux ? »

L'AMOUR DE MA VIE

« Est-ce que je pourrais parler à l'amour de ma vie ? », me demande Annie, et à peine avais-je entendu sa question que je vis son mari à ses côtés.

Ravi de cette occasion offerte, il se met à lui décrire la canne qui ne le quittait jamais.

« Ma canne, je l'emportais partout, dit-il en gloussant, expliquant qu'il avait un léger problème à la hanche et à une jambe, mais je n'en avais pas vraiment besoin, ça me faisait simplement plaisir de l'avoir avec moi et de la brandir de temps en temps en direction de ma femme », poursuivit-il d'un ton rieur.

« Annie, ma femme, qui est là, dit-il en désignant la dame qui me faisait face, arborant un large sourire, contrôlait parfaitement la situation et elle me menait par le bout du nez. » Cela fit rire Annie, qui acquiesçait d'un mouvement de tête à tous les propos de son mari.

« Elle n'a pas sa langue dans sa poche et peut parfois être très méchante, mais sans le faire exprès, et ça ne m'empêche pas de l'aimer », redit-il à plusieurs reprises. Annie, le regard pétillant, et ne manifestant aucun remords à l'écoute des remarques de son mari, riait de bon cœur, pleinement d'accord.

Il régnait visiblement au sein de ce couple merveilleux beaucoup d'amour ainsi qu'une grande compréhension mutuelle, et au fil de notre échange, le mari d'Annie trouva beaucoup de messages à transmettre à sa femme et à sa famille.

« Quand tu te glisseras dans ton lit ce soir, je me glisserai à tes côtés ; pas seulement ce soir, tous les soirs. Je m'y glisserai et on se cajolera, comme on l'a fait pendant les trente années de notre mariage, et quand l'heure sonnera pour toi de rentrer au bercail, dit-il à sa femme, je serai là pour te tenir la main. Je serai là à t'attendre. Annie, je t'attendrai. »

Bien que voyant toujours le mari d'Annie debout près de moi, je pensais que cette communication tirait à sa fin et que j'allais passer à la personne suivante, mais lorsque je commençai à m'éloigner d'Annie en direction d'un jeune couple assis derrière elle, à ma grande surprise, son mari se pencha par-dessus les sièges en direction de la jeune femme et, tendant le bras, il se mit à lui caresser doucement le visage en lui chantant cette mélodie : « You are my sunshine, my only sunshine, you make me happy when skies are blue... » (*Tu es mon rayon de soleil, mon seul rayon de soleil, tu me rends heureux quand le ciel est bleu*). Je me rendis tout de suite compte qu'il s'agissait de sa fille – qui était aussi celle d'Annie.

Tandis que j'observais la scène, des larmes se mirent à couler sur les joues de la jeune femme, lorsqu'elle admit le fait que son père était vraiment là avec nous, en train de chanter la chanson qu'il lui chantait toujours quand elle était toute petite – c'était *leur* chanson. Alors, se tournant vers l'homme assis à côté de sa fille, le père transmit un message à son gendre. « Dites-lui que je l'aime du plus profond de mon cœur, Rosemary, dites-lui que je vois toute l'attention qu'il a envers les deux femmes de ma vie, et dites-lui qu'on ne pourrait pas rêver meilleur gendre que lui. » Annie n'était pas du tout surprise de recevoir un message de la part de son mari : elle m'avait dit qu'il le ferait si l'occasion lui en était donnée.

— Vous savez, Rosemary, c'est vrai que je suis une langue de vipère, je dis souvent des choses qui m'échappent, je mène tout le monde à la baguette, et mon mari adoré le savait, mais il m'aimait malgré tout. Pourtant, je n'ai pas de regrets parce qu'il m'aimait telle que je suis, et il savait que j'ai bon cœur ; c'est ce qu'il ne cessait de me dire. Il est, et il sera toujours l'amour de ma vie.

8

La lettre

J'ai parlé à des milliers et des milliers de gens au cours des trente dernières années en qualité de médium et de guérisseuse, et j'ai reçu des milliers de lettres et d'e-mails, émanant le plus souvent de personnes en détresse.

La plupart des lettres sont déchirantes, et bien que je sache que de nombreuses autres personnes comme moi font un excellent travail, il est toujours difficile d'admettre ses propres limites.

De temps en temps, je fais partager, à travers mes livres, sur mon site Internet ou sur Facebook, le contenu d'une lettre d'une mère ayant perdu son enfant, ou une histoire susceptible d'émouvoir ou d'inspirer. Je communique rarement le contenu des courriers où l'on me remercie pour une consultation ou une expérience de guérison, mais j'ai décidé que la lettre qui suit donnait l'exemple d'un jeune homme dont la vie avait véritablement changé à la suite d'une communication avec sa famille dans le monde des esprits, qui l'avait inspiré et transformé du tout au tout. J'ai eu le sentiment que la lecture de cette lettre serait peut-être aussi une source d'inspiration pour certains d'entre vous ayant subi des traumatismes.

Tout ce que je savais, c'est qu'une consultation était prévue avec Dean, mais je ne savais rien de lui jusqu'à ce que nous commencions à parler. Pourtant, dès le début de la conversation, sa colère, ses sentiments de rancune et d'impuissance étaient palpables : il était complètement désorienté, se sentait trahi, avait été trahi par sa femme qu'il adorait ; et pour lui, le monde était désormais un lieu de ténèbres et de malheur.

Au fil de la conversation, de nombreux membres de la famille de Dean se manifestèrent depuis le monde des esprits, pour lui adresser des paroles de réconfort, dans l'espoir de faire avancer les choses au sujet de sa femme.

J'ai souvent donné des consultations de ce genre. J'ai entendu nombre de ceux du monde des esprits donner des conseils, et je me suis souvent demandé quelle serait leur portée réelle, à supposer qu'ils soient écoutés.

Quelquefois, alors même que je lui fais passer les messages émanant du monde des esprits, je sais que mon client ne tiendra pas compte de ce qu'essaient de lui dire les êtres qui lui étaient chers – même si ce sont de très bons conseils. Et je sais que ceux du monde des esprits savent qu'on ignorera probablement leurs conseils, parce qu'ils comprennent qu'il est souvent plus facile de persister dans la colère et l'amertume que de pardonner, tourner la page sur ses blessures et entamer une nouvelle vie.

Mais nous avons tous le choix : allons-nous écouter et apprendre, ou simplement nous accrocher à tout ce qui est nocif et ruiner toutes les chances de bonheur qui se présentent ?

J'ai décidé de partager avec vous l'intégralité de cette lettre, pour vous donner un aperçu de la prouesse extraordinaire que représente pour un homme ou une femme l'expérience de tels chagrins, et le fait d'avoir tout de même le cœur de rester ouverts et pleins d'espoir.

Cette lettre, datée du jeudi 13 septembre 2007, m'a été envoyée par Dean Young.

Sujet : Premier anniversaire de ma nouvelle vie

Chère Rosemary,

À l'occasion du premier anniversaire de mon entretien avec vous, j'aimerais vous dire à quel point vous avez profondément marqué ma vie. J'étais très malheureux et littéralement consumé par la haine envers mon ex-femme, à la suite de notre divorce, décidé à son initiative.

Vous m'avez dit que deux voies s'ouvraient à moi : la voie du malheur et celle de l'ouverture totale, bien que je ne me souvienne plus si la formule venait de vous, d'Aigle Gris ou d'un membre de ma famille passé dans le monde des esprits.

Je vous ai tous écoutés et j'ai tout de suite décidé d'opter pour une nouvelle voie. On aurait dit que tous les fardeaux du monde, tout cet énorme poids qui pesait sur mes épaules, m'étaient soudain ôtés, et je me sentais léger comme une plume. J'étais comme le Phénix, l'oiseau mythique qui renaît de ses cendres, ressuscité, prêt pour un nouveau départ.

Après toute une année sans aucun échange, verbal ou autre, avec mon ex-femme, je lui ai envoyé un e-mail le soir même de mon entretien avec vous. Elle était sceptique de prime abord, mais elle a vite compris que je désirais sincèrement communiquer avec elle. Nous avons bientôt recommencé à nous rendre ensemble aux événements divers organisés à la fac de notre fils, et nous avons pu nous reparler, et faire ensemble certains déplacements en voiture. J'ai également commencé à parler à l'ami pour qui elle m'avait quitté.

Plus je pardonnais, plus il m'était facile de pardonner.

Comme me l'a dit ma grand-mère par votre intermédiaire : le pardon est une bénédiction.

J'ai lu vos livres et je me suis efforcé de suivre vos suggestions. Vous m'aviez dit que j'avais des mains de guérisseur, et j'espère trouver la voie qui m'amènera à mettre en œuvre mes talents. J'ai animé cette année un groupe de parole suivi par des personnes ayant mal vécu leur divorce et qui avaient comme moi complètement perdu pied, et je crois les avoir aidées à guérir, à se reconstruire et à accéder à la lumière.

Aujourd'hui, mon ancien employeur, qui est une femme pasteur, a eu un entretien avec vous. Son mari et mon épouse avaient eu une liaison, et c'est ce qui a détruit nos mariages respectifs. C'est elle qui vous a parlé de moi, et vous avez dit qu'il me restait encore à pardonner à son ex-mari.

Je suis sur la nouvelle voie, et ce n'est certainement pas la haine qui va me barrer la route.

J'ai donc immédiatement rédigé à son intention une lettre de pardon, et je lui ai aussi demandé de me pardonner.

Je me sens grandi.

Les bénédictions qui pleuvent sur moi chaque jour ne se comptent plus, et je remercie Dieu de la vie merveilleuse que j'ai vécue jusqu'ici et de celle qui m'attend.

Certes, je ressens la frustration liée à la solitude et à l'absence d'une compagne, mais vous m'avez dit que quelqu'un m'attend dans l'avenir. J'attendrai et peut-être apprendrai-je la patience grâce à tout cela. Ma vie est si excitante, c'est une joie pour moi de retrouver chaque soir mon lit pour y faire quelquefois des rêves prémonitoires, et c'est une joie de me lever chaque matin et d'accueillir un nouveau jour radieux.

Ma vie a basculé le jour où je vous ai parlé et je tiens à vous remercier du fond du cœur d'avoir été ce catalyseur.

Bien sûr, j'ai aussi mes défaillances, comme tout le monde, mais je ne les laisse pas me tirer vers le bas. Mes erreurs m'aident à apprendre et j'ai aussi de la reconnaissance à cet égard.

Je suis parfois tenté par l'idée de rejoindre votre organisation et de devenir, sous votre houlette, guérisseur, mais je vais suivre ma nouvelle voie et aller là où elle me mène. Mon nouveau mantra, à présent, est : « Je suivrai la nouvelle voie. »

Merci mille fois, Rosemary, vous m'avez vraiment aidé à devenir un être neuf.

Très sincèrement,
Dean C. Young

Le jour où j'ai reçu cette lettre, je venais d'apprendre des nouvelles catastrophiques concernant une femme qui avait travaillé pour moi et qui me volait depuis des années, j'étais vraiment démoralisée, et en proie au doute et au questionnement par rapport à moi-même. La lettre de Dean m'a tellement requinquée, j'étais si heureuse d'avoir de ses nouvelles et de savoir qu'il allait bien après tous les malheurs qui lui étaient arrivés, que je décidai de lui répondre.

Très cher Dean,

C'est vraiment très gentil de votre part de m'avoir adressé une lettre à la fois si belle et si réconfortante. Elle est « tombée pile » à un moment de ma vie où j'avais besoin de voir confirmer la validité de mon travail. Bien sûr je n'en doute pas, mais certains jours une énergie négative s'insinue dans votre vie et amène à se poser des questions sur soi-même. Je crois que cela nous arrive à tous et selon les jours, la remise en question est plus ou moins facile. Votre lettre est donc arrivée à point nommé.

Cela me touche beaucoup de voir tous les efforts que vous faites pour changer de vie, d'attitude, et d'en constater l'efficacité. Cela me touche au point que j'aimerais vous demander la permission de citer votre lettre dans un de mes prochains ouvrages, car tant de gens n'ont pas, comme vous, reçu de l'aide, et ne savent pas… ou n'ont pas envie de savoir comment changer de cap dans leur vie. Votre lettre est une telle source d'inspiration qu'à mon avis sa lecture sera source d'espoir et peut inciter les lecteurs à suivre votre voie.

Quant à l'idée de rejoindre une de mes organisations, je vous prends comme étudiant quand vous voulez! Nous venons d'entamer un cours par correspondance, et si cela vous intéresse, nous pourrions vous compter parmi nos étudiants, mais telle n'est peut-être pas votre voie. Je suis sûre que Dieu a un merveilleux projet en réserve pour vous.

Faites-moi savoir si je peux me permettre à un moment donné de faire usage de votre lettre. Je ne citerai pas votre nom si tel est votre souhait, mais je crois vraiment qu'il peut servir d'outil de guérison à tant de gens.

Que Dieu vous bénisse et vous conforte dans vos efforts.

Bien affectueusement,
Rosemary

Chère Rosemary,

Je vous sais très occupée, mais je voulais répondre à vos si aimables propos. Et, pour commencer, à vos commentaires sur l'énergie négative, les mauvais moments, ou sur le besoin de savoir que ce que vous faites est vraiment efficace.

C'est justement parce que vous – même vous – passez par des moments de doute, que nous sommes si nombreux à vous faire confiance. Si vous n'aviez que des réussites, je crois que cela inciterait les gens à penser que tout cela est surfait, ou que vous avez le verbe facile, et que vos propos n'ont pour seul but que de conforter votre réputation et votre popularité.

C'est parce que vous vous laissez voir telle que vous êtes – simplement humaine – et que vous admettez avoir les mêmes sentiments négatifs que ceux d'entre nous qui comptent sur vous, que nous avons confiance en vous, sachant que vous êtes passée par là même où nous sommes passés. J'ai souvent compati de tout cœur aux souffrances que vous avez subies dans votre vie, mais je sais aussi que ce que vous dites à présent est tempéré par cette sagesse de la souffrance, et c'est d'autant plus précieux et significatif pour moi. Vous comprenez les choses parce que vous les avez vécues.

Depuis mon divorce, je cumule trois petits boulots et je vis au jour le jour, sans économies, sans pouvoir m'offrir de petites escapades de loisirs pour décompresser, mais l'une des perspectives les plus réjouissantes pour moi serait de vous voir en chair et en os et de vous voir faire, de vous voir imprégner de toute la douceur de votre esprit une foule de gens en attente.

Au cours de votre consultation de l'an dernier, vous m'avez dit que j'avais des mains capables de guérir et que je devrais prendre en compte cette sensibilité et approfondir mes connaissances dans l'art de guérir. J'ignore où ma nouvelle voie va me conduire, mais peut-être suivra-t-elle un cercle complet pour me ramener à vous et à votre organisation, qui m'intéresse vraiment beaucoup.

Je peux vous dire que « j'ai le pouvoir », comme vous dites dans l'un de vos livres, et je suis devenu un étudiant en quête d'une spiritualité;

mon parcours n'est pas d'ordre religieux, mais vraiment spirituel. Rosemary, je remercie Dieu chaque nuit et chaque jour pour ce que vous m'avez donné, tandis que je me drape dans les couleurs de mon aura et que je pétille d'énergie positive.

Vous m'avez apporté l'espoir quand je n'étais que désespoir, la guérison quand je n'étais que douleur, des ailes pour échapper à mon enfer, et, par-dessus tout, l'amour quand je n'étais que haine.

J'ai choisi d'emprunter un chemin qui reste grand ouvert et je ne sais pas où je vais ni quelle est ma destination finale, mais je crois fermement que Dieu et tous les esprits aimants qui m'entourent vont me prendre par la main et me mener vers de plus verts pâturages. Sauver une brebis égarée est déjà un gage de réussite, mais je suis sûr que vous en avez sauvé des multitudes, et que vous avez ouvert leur vie à la lumière.

Combien j'aimerais m'asseoir à vos côtés sur une terrasse donnant sur de vertes collines et sur des prairies où paissent des troupeaux, pour que nous puissions deviser ensemble sur la vie... Je devrai me contenter de lire et relire vos livres, en y glanant tout ce qui peut me permettre de faire en sorte que mon existence ne cesse d'être vibrante de vie, et en progrès constant.

Je suis sûr que vous aurez sans doute deviné que je suis une âme nostalgique qui fait dans l'émotion, mais je suis aussi un bourgeon prêt à s'ouvrir et à m'exposer à la lumière du soleil.

Merci encore d'avoir changé ma vie. Vous êtes aussi douce et aimante qu'intelligente. Soyez bénie.

Sincèrement vôtre,
Dean

PS : Vous pouvez, bien sûr, utiliser mon nom et tout ce que vous voulez d'autre me concernant dans votre prochain livre.

En vous livrant la réponse de Dean, je dois vous dire que les propos qu'il tient me rendent très modeste, son humilité m'inspire, et son amour me remplit de gratitude.

Mais le responsable de toutes les choses bénéfiques qui ne cessent d'émailler sa vie, ce n'est ni moi, ni Aigle Gris, ni le monde des esprits – c'est lui-même. Tout ce que nous avons fait, c'est de lui dire une vérité, à savoir que la vie est précieuse et qu'il faut l'apprécier à sa juste valeur. C'est lui qui a intégré cette vérité et a introduit dans sa vie les changements nécessaires. Le responsable de ce succès quotidien n'est autre que lui-même.

9

L'amour d'une mère

Elle m'appelait, animée du désir d'entrer en contact avec sa mère et sa grand-mère, et, d'emblée, il apparut évident que ce désir était partagé. À peine avais-je commencé à me concentrer et à les chercher que je les aperçus, debout côte à côte, un peu nerveuses mais souriantes et heureuses de cette occasion de prouver à April qu'elles étaient vraiment là.

Comme d'habitude, je commençai par demander à April s'il y avait des problèmes spécifiques de sa vie à propos desquels elle souhaitait recevoir aide et conseils de la part de ceux du monde des esprits, et je fus surprise de l'entendre dire qu'elle voulait savoir comment se guérir de toute la colère, l'amertume et le ressentiment qu'elle éprouvait depuis le décès de sa mère.

Tout en écoutant, je notai la question, pleine d'espoir et confiante dans le fait que sa mère l'aiderait si elle le pouvait. Je ne demandai pas d'autres renseignements ; je savais que ceux du monde des esprits révéleraient les problèmes si cela s'avérait opportun.

Lorsque je lui demandai s'il y avait d'autres problèmes, April dit que tout ce qu'elle voulait vraiment, c'était savoir si sa mère était là, si elle était heureuse où elle était, et si elle avait vraiment survécu.

La mère d'April me parla sans plus tarder et, d'une manière très claire et très précise, elle expliqua comment elle était morte.

« Mon cancer a été une maladie longue et difficile », me dit-elle, et elle décrivit ensuite les terribles douleurs, tant physiques qu'émotionnelles, qu'elle avait subies, et qui avaient duré – des années en fait. « Mais à la fin, ma mort fut très rapide, ce qui, expliqua-t-elle, fut une vraie bénédiction. Et ma mère », poursuivit-elle en désignant du doigt la grand-mère d'April, « souffrait du cœur depuis des années et respirait avec difficulté parce que ses poumons étaient en très mauvais état en raison de son insuffisance cardiaque. Heureusement, elle aussi est morte très paisiblement en définitive, elle s'est éteinte doucement pendant son sommeil. »

Lorsque je transmis ces informations à April, elle se mit à sangloter, heureuse que sa mère puisse lui parler avec une telle clarté, mais attristée par le souvenir du décès de sa mère et de sa grand-mère. Et les sanglots continuèrent tandis que sa mère et sa grand-mère se mettaient à raconter comment, au moment de l'adieu définitif, elles avaient vu leurs anges, et comment ils les avaient doucement emportées et mises en sécurité entre les bras de Dieu.

Au fur et à mesure du progrès de la consultation, la mère d'April nous dit combien elle trouvait le paradis splendide.

« Quand je suis arrivée, j'ai été inondée par la lumière et par l'amour de Dieu ; l'amour que je ressentais semblait déborder de moi, il coulait à flots, il inondait ma vie et me faisait percevoir d'une autre manière ce que j'avais vécu. C'était stupéfiant : l'amour de Dieu m'emplissait au point que toute la colère, tout le désespoir que j'avais jamais ressentis pendant mon séjour sur terre se sont évanouis, tout simplement ; toute la douleur, tant physique qu'émotionnelle, a semblé s'évaporer, et je ne ressentais plus rien d'autre que de l'amour. »

En entendant sa mère prononcer ces mots, April se remit à sangloter, disant qu'elle aimerait tant éprouver la même chose. C'est à ce stade de la consultation que la mère d'April m'expliqua l'événement qui avait rempli sa fille d'une telle amertume, d'une telle animosité et d'une telle colère.

« Quand j'étais malade, commença-t-elle, la majorité de mes frères, ainsi que ma sœur, se sont tenus à l'écart et ne m'ont rendu que de rares visites, ce qui était étrange, car nous avions toujours, apparemment, été très proches, et nous passions d'ordinaire beaucoup de temps ensemble. Ma sœur, qui venait fréquemment me voir, car elle habitait à quelques kilomètres, ne m'a rendu visite qu'une seule fois après que le diagnostic fut tombé, et elle n'a jamais, ne serait-ce qu'à une occasion, proposé d'aider ma fille à s'occuper de moi.

Après mon décès, et le jour de mon enterrement, il y a eu une grosse querelle de famille, et des tas de choses très moches ont été dites. Ma fille, ne pardonnant pas l'indifférence manifestée pendant ma maladie, a alors exprimé ouvertement à sa tante et à ses oncles tout le mal qu'elle pensait d'eux, allant même jusqu'à dire qu'elle ne voulait plus jamais les revoir. Furieux contre elle, et poussés par leur sentiment de culpabilité – car ils savaient qu'il y avait du vrai dans ce qu'elle disait –, ma sœur et mes frères lui ont dit qu'elle n'était pour moi qu'un enfant non désiré, et que je ne l'avais jamais vraiment aimée. C'était une chose horrible à dire, et totalement fausse, mais sur ces paroles, ils ont quitté précipitamment la maison pour ne jamais revenir.

Pendant très longtemps, ces paroles ont rongé ma fille, jusqu'à ce que finalement, avec l'aide de son mari, elle finisse par se reprendre, et par se rendre compte de la violence de ces propos, et de l'horreur de ce qu'ils avaient tenté de faire, à savoir la faire douter de mon amour à son égard.

Mais comme vous le voyez, Rosemary, cela continue : elle garde en elle la colère et la haine, et tout cela lui détruit la vie, car elle n'arrive pas à s'en défaire. Elle a un mari merveilleux, un nouveau bébé, un frère – mon fils – qui l'adore ; deux neveux qui la vénèrent… bref, tout ce qu'il faut pour être heureuse, pourtant elle ne l'est pas. Elle se rend elle-même malheureuse jour après jour, car elle n'arrive pas à pardonner à sa tante et à ses oncles ce qu'ils m'ont fait – d'après elle – et ce qu'ils lui ont dit. »

La mère d'April poursuivit, expliquant que, depuis son décès, on l'avait aidée à comprendre que beaucoup de gens ont peur de la mort ; qu'ils ont peur des personnes en fauteuil roulant, des infirmes et des malades, car ce spectacle leur rappelle leur propre vulnérabilité.

« Je me rends compte aujourd'hui que ma sœur n'était pas indifférente à mon égard, elle avait simplement peur. Je suis restée longtemps malade et en fauteuil roulant, j'étais très maigre, j'avais le teint cireux et plus de cheveux, et je faisais plus que mon âge. Ma sœur était terrifiée de me voir dans cet état, elle avait peur qu'il lui arrive la même chose. Elle savait que c'était mal de ne pas me rendre visite, de ne pas m'aider, et elle se sentait coupable, très coupable, mais elle n'a pas pu faire autrement : me voir la mettait face à sa propre vulnérabilité – et elle ne voulait rien voir.

Le jour de mes obsèques, quand ma fille s'est déchaînée contre elle, ma sœur et mes frères n'ont pas supporté ses critiques, et ils se sont déchaînés à leur tour sous l'emprise de la colère : ils étaient en colère à la fois contre eux-mêmes et contre ma fille qui leur tendait un miroir et les forçait à s'y regarder. »

Tout en expliquant tout ceci à April, répétant mot pour mot ce que sa mère avait dit, j'indiquai clairement que, selon sa mère, le fait même de connaître les raisons d'un événement ne le justifie pas pour autant, mais cela peut nous aider à comprendre pourquoi les gens agissent parfois de la sorte.

En écoutant parler la mère d'April, cela me rappela une lointaine époque, en Angleterre, où l'une de mes patientes, prénommée Jill, avait vécu une expérience similaire. Elle aussi avait souffert d'un cancer pendant des années, et elle aussi avait subi l'humiliation du rejet, elle sentait qu'on la fuyait ; elle se sentait abandonnée par ses amis qui, en la voyant venir dans leur direction, changeaient de trottoir pour éviter d'avoir à lui parler. Je me souviens qu'elle pleurait en me racontant cela, car ce rejet de leur part la faisait énormément souffrir. Comme la mère d'April quand elle était en vie et en proie à la souffrance, et comme April, témoin contraint et forcé de cette souffrance, Jill n'arrivait pas à comprendre un tel degré de cruauté, jusqu'à ce que je lui explique que de nombreuses personnes sont tout simplement incapables de toucher les malades et les mourants ; donc, elles s'en détournent, et laissent leur peur les transformer en lâches.

Finalement, au fil de la consultation, April commença à comprendre ; elle n'était pas encore prête pour le pardon, mais elle était prête à se délester de la colère et du chagrin, et à être heureuse, comme elle savait que sa mère le souhaitait.

« Je veux que ma fille soit tellement inondée par l'amour de sa famille, et par le mien aussi, qu'il n'y aura plus place en elle pour la colère. »

En entendant les dernières paroles de sa mère, April riait et pleurait en même temps, remplie de joie en entendant sa mère exprimer son amour pour elle, et à l'issue de la consultation, April, sa mère et sa grand-mère étaient vraiment remplies d'un sentiment de paix et de l'amour de Dieu.

Lorsque j'étais enceinte de ma fille Samantha Jane, j'avais l'intense désir d'être une bonne mère, et je passais beaucoup de temps à imaginer divers moyens d'y réussir. Tandis que je portais l'enfant dans mon ventre, et tout au long de mes longs mois d'alitement et de maladie, j'eus tout le temps de réfléchir, et j'en arrivai à une conclusion devenue aujourd'hui une ferme conviction. Outre toutes les choses évidentes que nous nous devons de donner à nos enfants – nourriture, vêtements, etc. –, je crois qu'il n'y a qu'une seule chose dotée d'une valeur réelle que nous puissions leur donner, et qui les soutiendra après notre départ : c'est de leur faire savoir, chaque jour de leur vie, qu'ils sont vraiment aimés.

Même quand nous sommes en colère contre eux, ou fâchés, nos enfants ne doivent jamais douter de notre amour à leur égard, ils doivent savoir que nous les aimons toujours, et ils n'auront connaissance de cet amour que si nous faisons en sorte de leur donner.

Donc, je vous le demande instamment, exprimez à vos enfants, chaque jour... montrez à vos enfants... de toutes les manières possibles... l'Amour d'une Mère.

10

Les anges du ciel

L'éblouissante lumière d'or pâle qui pénétrait par la fenêtre était si irrésistible qu'Emma, abandonnant ses jouets épars sur le sol, se leva pour voir ce que c'était.

J'étais assise au bord du lit, et je regardai la petite fille de cinq ans s'avancer maladroitement sur ses petites jambes potelées en direction de la lueur qui resplendissait au-dehors, et des voix qui l'appelaient.

J'eus très envie de tendre les bras pour la saisir au passage, mais je savais que ce n'était pas possible, que j'étais seulement là en témoin et que mon rôle dans toute cette histoire s'arrêtait là.

J'étais, moi aussi, fascinée par la lumière et par les voix, qui appelaient doucement Emma par son nom, la guidant jusqu'à elles ; moi aussi, comme Emma, j'étais incapable de m'arracher à leur charme, et tandis que je regardais et que j'attendais, la petite fille, happée vers son destin, pressa le nez contre la fenêtre pour mieux voir.

« Viens, Emma », dit l'ange le plus proche d'elle, les ailes déployées tandis qu'il tendait à Emma sa main pour qu'elle la prenne. « Viens, Emma, il est temps de rentrer à présent. » Et leurs battements d'ailes faisaient un bruit quasi assourdissant ; et le miroitement de la lumière entourant le groupe d'anges s'intensifia au point de presque m'aveugler.

« Je viens, me voici », dit la petite fille avec enthousiasme, le souffle court d'excitation, et je vis les anges lui tendre les mains lorsqu'elle s'approcha d'eux ; elle tendit ses petites mains devant elle et les pressa contre l'écran fixé sur l'ouverture de la fenêtre, et j'entendis craquer le bois lorsque son corps, pesant de toutes ses forces contre la fenêtre, fit céder l'écran.

Elle monta, toujours plus haut, et je vis son esprit s'envoler vers eux sans effort, ses bras d'enfant tendus vers les leurs.

Je retins mon souffle, émerveillée par leur beauté, et je vis les anges d'Emma la prendre et la tenir doucement dans leurs bras, en même temps que je voyais son corps physique s'écraser au sol trois étages plus bas.

J'essuyai les larmes de mes yeux – des larmes mêlées de tristesse et de joie pure – tandis que je les voyais s'envoler loin de moi, et ramener Emma « chez elle ».

C'est une tâche très difficile que celle de décrire à un père ou une mère la façon dont leur enfant a quitté son corps avant même l'impact qui a réduit à néant son enveloppe physique, mais c'est si souvent ainsi que meurent ceux dont le décès est accidentel – et voilà la tâche qui m'incombait, là, maintenant.

Elle n'arrêtait pas de crier de façon inintelligible au téléphone, et je ne comprenais pas un mot de ce qu'elle disait. J'étais restée tard au bureau, et d'habitude, quand le téléphone sonne après 6 heures, je l'ignore et je laisse tourner le répondeur. Mais pourtant, cette fois, je fis une exception. Je ne sais absolument pas pourquoi ma main se tendit vers le téléphone et décrocha, mais dès que j'entendis les sanglots et les cris à l'autre bout du fil, je fus heureuse de l'avoir fait : j'ai appris à identifier une intense douleur émotionnelle, et c'est précisément cela que j'entendais.

Je finis par la calmer suffisamment pour qu'elle puisse me dire pourquoi elle m'appelait.

« Ma fille, ma petite fille, sanglotait-elle, d'une voix plus calme à présent. Je ne sais plus quoi faire… aidez-moi, je vous en prie ; dites-moi ce que je dois faire. »

Je lui parlai un petit moment, elle se calma un peu, et je planifiai un contact par téléphone pour le lendemain, et un rendez-vous pour la semaine suivante, mais je la prévins qu'il fallait envisager que je ne parvienne pas à entrer en contact avec sa fille, que c'était sans garantie : la dernière chose que je souhaitais, c'était de lui donner de faux espoirs, mais je ne voulais pas non plus lui ôter tout espoir.

Mes inquiétudes étaient infondées, car dès que j'entendis sa voix au téléphone, je vis sa petite fille, et avant de savoir ce qui m'arrivait, je me retrouvai happée vers le passé, je franchis le sas, pour rejoindre le temps et le lieu de la mort d'Emma.

Tandis que je décrivais l'« accident », que je racontais tout ce que je voyais, et les circonstances du décès d'Emma, sa mère sanglotait.

« C'est ma faute; l'accident est de ma faute, disait la mère d'Emma, de nouveau en proie à l'hystérie. Nous savions que l'écran pare-insecte de la fenêtre n'était pas en bon état, et nous avions prévu de le faire changer la semaine d'après. Nous nous apprêtions à poser des écrans tout neufs en fait. Je ne m'étais pas rendu compte qu'Emma était montée dans la salle de jeux jusqu'au moment où j'ai entendu le bruit qu'a fait le cadre quand il a cédé puis s'est fracassé au sol en même temps qu'elle. »

En entendant la voix de sa mère, ayant attendu un laps de temps suffisant et ayant fait preuve d'autant de patience que peut en montrer une petite fille de cinq ans, j'entendis la voix de la petite Emma qui m'appelait à présent, et je la vis, debout parmi ses anges, dans la lumière, près de mon fauteuil, en attente et prête à commencer.

La première chose dont Emma voulait parler était son frère : c'était la personne qu'elle préférait entre toutes et elle l'adorait, dit-elle, et sa mère, en entendant cela, éclata de nouveau en sanglots, mais cette fois-ci, c'étaient des larmes de soulagement, car c'était vrai : Emma avait une affection particulière pour son grand frère, expliqua-t-elle, et c'était exactement ce qu'elle espérait entendre.

À mesure que la consultation avançait, Emma trouva beaucoup de choses à dire à sa mère, dont l'une des plus importantes était qu'elle avait vu sa maman pleurer, et qu'elle avait vu son papa pleurer. « Mais ils continuent à se disputer », dit Emma tristement, « alors je pleure aussi. Ma maman n'arrête pas de dire que c'est sa faute, et mon papa dit la même chose. Après, ils se fâchent, et ils commencent à se disputer. » Tout en disant cela, Emma se tourna vers moi en disant : « Comment est-ce que je peux les empêcher de faire ça ? »

Les larmes me montèrent aux yeux en entendant l'appel suppliant de l'enfant et avec un pâle sourire je lui promis que nous allions essayer de leur faire comprendre que ce n'était la faute de personne, et que leurs disputes n'avaient pour seul effet que de perturber leur fille.

Emma hocha la tête en signe d'approbation, c'était une bonne idée, pensait-elle. Mais j'espérais que nous pourrions faire en sorte que cela marche, et je me tournai vers Aigle Gris, pour lui demander de l'aide.

« Dis-leur que telle était la volonté de Dieu, Rosemary. Explique-leur que quand Dieu nous appelle, nous devons tous aller Le rejoindre. Aide-les à comprendre que la mort d'Emma était programmée bien avant sa naissance; c'était prévu, il devait en être ainsi. »

« Dis-lui que je la vois, chuchota la petite Emma. Dis à ma maman d'arrêter de pleurer et d'arrêter de se disputer, parce que moi aussi ça me fait pleurer. Et dis-lui que je suis avec les autres enfants ici, et qu'hier on est allés à la chasse aux papillons. »

En entendant Emma dire cela, sa mère en eut le souffle coupé, et elle cria : « Le papillon, le papillon, il s'est posé sur mon épaule hier matin, quand je suis allée au jardin! » Et elle se remit à pleurer, mais cette fois-ci c'étaient des larmes de joie, parce qu'elle savait que sa petite fille était vraiment là, elle en était sûre, et tout en sachant qu'elle verserait encore beaucoup de larmes sur son Emma dans les années à venir, je savais aussi que la mère d'Emma remplirait son univers de papillons chaque fois qu'elle le pourrait.

Quatrième partie

DES HISTOIRES VENUES D'ITALIE

L'Italie est l'un de ces pays que la plupart des gens partout dans le monde souhaiteraient visiter un jour. Le nombre de visiteurs étrangers atteint chaque année des chiffres records, et le tourisme constitue sans nul doute une énorme industrie. Pour un pays de taille relativement modeste, l'Italie exerce une influence à l'échelon mondial, en raison de son histoire, de son architecture et de sa religion et tout le monde, quasiment sans exception, a, pour toute une diversité de raisons, envie de la découvrir.

Ma première visite en Italie avait essentiellement pour but la promotion de mon premier livre, *The Eagle and the Rose*, et ce fut un véritable tourbillon d'interviews et de déplacements. Fatiguée, épuisée à la fin de chaque journée, quelquefois tout juste capable de me tenir debout sur mes jambes, si je suis parvenue à poursuivre mon périple, ce fut grâce à Aigle Gris, bien sûr, mais aussi grâce à la chaleur et aux encouragements manifestés jour après jour par les Italiens. La principale raison de cet emploi du temps démentiel était le fait qu'au tout début de mon séjour, j'avais participé au show télévisé de Maurizio Costanzo, et j'avais fait sensation en lui communiquant un message de la part de son père. L'émission était en direct et il apparut clairement dès le départ que M. Costanzo était très sceptique quant à mes capacités, et donc, quand je commençai à lui transmettre des messages émanant du monde des esprits, il eut un tel choc devant leur exactitude qu'il partit tout à coup à l'autre bout de la scène, tremblant de tous ses membres et très perturbé. Mais c'est un professionnel de haute volée, et, s'étant très vite repris, il revint lentement vers moi, me demandant comment il m'était possible de savoir toutes ces choses que je lui avais dites. Ce fut le début de ma longue et merveilleuse histoire d'amour avec les Italiens.

Reconnue partout où j'allais, parfois accostée dans la rue, dans les magasins, dans les couloirs d'hôtels, j'ai fait l'expérience de la folie et de la passion des Italiens, de la gentillesse et de l'amitié des Italiens, et de la compassion des Italiens.

J'ai ri avec eux et pleuré avec eux ; j'ai partagé nombre de leurs joies et nombre de leurs souffrances ; et ces expériences m'ont rendue meilleure.

Partout dans le monde, la perte d'un être cher demeure une perte, et au cours de mes voyages à travers le monde, de nombreuses personnes ayant vécu une telle perte croisent un jour ma route ; elles rencontrent Aigle Gris ; et (certes pas toujours, mais la plupart du temps) retrouvent ceux qui leur sont chers – souvent dans les lieux les plus inattendus.

1

Florence

Au cours de cette dernière décennie se sont produits certains événements ayant amené de nombreuses personnes à un changement d'optique quant à l'idée que non seulement l'existence d'une vie après la mort est un fait, mais qu'il existe effectivement des gens qui, comme moi, sont véritablement capables de communiquer avec le monde des esprits. L'intérêt que l'on porte au domaine des phénomènes médiumniques a soudain explosé de manière stupéfiante et à l'échelon universel, comme en atteste l'accroissement des ventes de livres, du nombre de films et d'émissions de télévision en relation avec ce sujet. Partout dans le monde, de plus en plus de gens défendent ce en quoi ils croient. Ce qui était auparavant un sujet dont on parlait à voix basse, un sujet enveloppé de mystère, finit par être accepté par une majorité de gens comme étant vrai, et ceux qui sont prêts à s'aligner sur ce genre de croyances ne sont plus stigmatisés. Dans notre société occidentale, nous avons enfin accepté les médiums, les voyants, les guérisseurs et la plupart des formes de médecines et de modes de vie alternatifs comme faisant partie de la culture moderne qui est la nôtre, même si nous n'y souscrivons pas forcément nous-mêmes.

Je n'hésite plus aujourd'hui à dire aux gens ce que je fais ; les sourcils qui se lèvent et les regards en biais sont des choses révolues. Des émissions comme celle de Maurizio Costanzo sont appréciées. Aux États-Unis, des producteurs de shows télévisés tels que Leeza Gibbons et Larry King ont fait partie des pionniers qui, au cours des quinze dernières années, ont délibérément et publiquement apporté leur soutien à des gens comme moi, en les invitant à participer à leurs émissions.

C'est un fait qu'il y a plus de gens qui admettent et même cautionnent l'idée de phénomènes médiumniques que de gens qui sont d'avis contraire, mais, bien sûr, il y en a encore que cette idée fait ricaner ; qui assènent des jugements durs et cruels, qui ont l'esprit étroit et des attitudes sectaires ; et quelques-uns persistent encore à voir les personnes comme moi sous l'éclairage le plus négatif qui soit. Ils ont le droit – tout comme moi – d'avoir leurs propres croyances ; le droit de s'exprimer, le droit de vivre comme ils l'entendent.

À travers les âges, l'histoire a eu son lot de dictateurs et de fanatiques, d'hommes cruels et dénués de bonté, de menteurs et de manipulateurs, et malheureusement ils ont fait école. Je n'ai jamais compris ces gens qui ont si peur de toute personne différente d'eux, ou adhérant à un système de croyances différent du leur, qu'ils sont prêts à mentir, à calomnier et à avilir, ou à essayer de ruiner la réputation ou la vie d'un autre être humain à cause de cette peur. Mais Dieu merci, nous ne sommes plus au Moyen Âge, où l'on pouvait, en raison de ses différences, finir sur le bûcher, ou pis encore. Nous sommes plus éclairés et moins susceptibles d'être influencés par ceux qui s'expriment sous le coup de la colère et de la peur : nous sommes aujourd'hui encouragés par le nombre croissant de ceux qui partagent nos convictions, qui osent les afficher et parler de la foi et de l'espoir que les mensonges proférés par certains autres ne peuvent ni abîmer ni détruire.

Les Italiens ont toujours su faire entendre leur voix; dans le passé, certains – un groupe minoritaire, mais très bruyant – ont donné de la voix pour propager des mensonges et des supercheries, pour persécuter et éliminer tout système de croyance différent du leur. Mais dans la plupart des cas, cette voix s'est exprimée en termes accueillants, et favorables à mon système de pensée, en ayant pour but de ne répandre rien d'autre que la paix et l'amour. Et c'est cette énergie merveilleuse et pleine d'amour qui est ma meilleure source d'inspiration lorsque je parcours ce pays étonnant; c'est la chaleur et l'accueil de ces gens qui me font revenir encore et encore en ces lieux, qui sont parmi ceux que j'aime le plus au monde.

Et bien sûr... les boutiques ne sont pas trop moches... comme vous le verrez!

À Florence, j'étais en train de faire les boutiques avec une amie, et tandis que je choisissais des pulls et des pantalons, je me rendis compte qu'il y avait dans le magasin un certain nombre de personnes qui m'avaient reconnue, mon interview étant passée à la télévision ce matin-là. Ayant tout de suite regagné une cabine avec mon amie – dont j'étais aussi l'invitée – je commençai à enfiler des vêtements, avec l'aide d'une jeune et jolie vendeuse. Comme je ne parle pas couramment l'italien, je laissai à mon amie le soin de la conversation, et je me concentrai sur l'essayage, en ignorant – ou tout au moins en m'efforçant d'ignorer – la voix que j'avais entendue, à peine franchi le seuil de la boutique.

« Je suis là, par ici », disait doucement la voix, tandis que je me passais la main sur le visage, refusant tout d'abord d'écouter.

« S'il vous plaît… Est-ce que vous m'entendez ? Est-ce que vous me voyez ? », disait la voix, mais je ne voulais pas l'entendre, ce n'était pas le moment opportun pour regarder, me disais-je, en restant concentrée sur mon essayage, et il s'écoula dix minutes, voire plus, avant que je m'aperçoive que mon amie et la vendeuse étaient en grande conversation. C'est alors que j'arrêtai de faire semblant et me mis à prêter une plus grande attention aux deux femmes et à la voix que j'avais entendue. C'est à cet instant précis que je le vis : le mari de la jeune vendeuse était là, à l'autre extrémité du salon d'essayage, en train de m'observer ; attendant patiemment que je « m'y mette ».

J'étais à demi dévêtue, les cheveux en bataille, mais rien de tout cela ne comptait, car soudain je me rendis compte que je n'étais pas venue là pour faire du shopping : c'est pour lui que j'étais là.

« C'était un cancer, Rosemary. J'ai eu un cancer et je suis resté malade deux ans. En fait, pratiquement toute la durée de notre mariage, mais elle a été merveilleuse », dit-il, en souriant tendrement tout en pointant le doigt dans la direction de sa femme. « Le traitement était exténuant, et j'ai perdu tous mes cheveux. Elle s'est tellement bien occupée de moi, et tout ce que je veux, c'est lui faire savoir que je suis toujours à ses côtés, et que je l'aime beaucoup. »

Voilà comment commença la communication.

Il était tout à fait apte à communiquer, et ma jeune vendeuse et mon amie ne tardèrent pas à fondre en larmes, tandis que les messages nombreux et substantiels du mari de la vendeuse se succédaient. Décrivant son cancer en détail, il nous raconta qu'il était resté malade plus de deux ans avant de mourir ; décrivant sa relation avec sa femme, il expliqua que leur union avait été de courte durée, mais il parla du jour de leur mariage, de leur famille et de leur vie ensemble. Plus il parlait, plus il attestait de son existence : il était déterminé à faire en sorte que sa femme sache qu'il était toujours à ses côtés, et qu'il l'aiderait à retrouver le bonheur dans l'avenir.

À un moment donné, pendant que toutes ces choses se déroulaient, je me rendis compte du silence qui régnait derrière nous, dans le magasin habituellement bruyant et animé, et je pris conscience de la présence d'autres personnes, peut-être des collègues et amis de la vendeuse, qui, sachant ce qui se passait, priaient avec espoir pour qu'elle reçoive de ma part quelque chose de spécial.

Je souris intérieurement en regardant la petite cabine encombrée de tout le fatras de vêtements que j'avais prévu d'essayer, sachant que le temps du shopping viendrait, plus tard ; mais là, ce n'était pas le moment ; il y avait des choses plus importantes à prendre en compte, et je devais accepter que tout cela faisait partie d'un plan plus vaste.

Je changeai légèrement de position pour être plus à l'aise sur le petit siège étroit de la cabine, et je tendis les mains vers la jeune femme que l'expérience avait pas mal secouée. Je pris doucement ses mains et les gardai un moment entre les miennes, et j'eus la sensation d'un flot débordant d'amour me traversant pour aller jusqu'à elle, un flot de sensations et d'émotions en provenance directe de son mari. Je sus que dès lors tout irait bien pour elle… que pour cette jeune femme qui avait vécu une tragédie si abominable, tout se passerait bien pour le restant de sa vie. Son mari était toujours avec elle, et il lui avait fait savoir qu'il serait pour toujours son ange protecteur.

« Dites-lui, Rosemary, que je vais la guider vers son futur bonheur. Elle n'a pas envie de me l'entendre dire, mais il est important qu'elle sache qu'elle va rencontrer quelqu'un d'autre, un homme digne de son amour, de sa confiance ; et je veux qu'elle sache que c'est moi qui vais la guider vers lui. Il est déjà choisi, et je suis si reconnaissant qu'il soit là, pour elle. Dites-lui que je serai toujours à ses côtés, et que je danserai à son mariage. »

Au cours des nombreux ateliers que j'ai animés aux quatre coins du monde, certaines histoires sont particulièrement marquantes, mais il y a aussi des gens qui sortent du lot, souvent parce que leur histoire est un cas récurrent ; ou parce qu'ils sont porteurs de quelque chose qui incite les autres à croire ; ou, parfois, parce qu'ils sont en proie à un immense désespoir, et sont simplement en quête de réponses.

Je me souviens, à Florence, d'une jeune fille qui avait désespérément envie de parler à son père, qui s'était suicidé. Hélas, le suicide est une tragédie fréquente, que tellement de gens ont à supporter. Peu importe le nombre de fois où j'explique et réexplique les raisons qui font que quelqu'un meurt, les familles et les proches de ceux qui ont mis fin à leurs jours continuent à vivre dans l'angoisse et la culpabilité, hantés en quelque sorte par l'idée que c'est leur faute ; tel était le cas pour cette jeune fille. Elle était très jeune, je m'en souviens, dix-huit ou vingt ans tout au plus, brune et jolie, petite et menue ; elle était visiblement très nerveuse lorsque j'entamai la communication, mais dès que son père, depuis le monde des esprits, parvint jusqu'à elle et se mit à lui parler, elle se calma.

Il s'efforça d'expliquer à sa fille les raisons de son geste, précisant qu'à l'époque il était tellement déprimé qu'il n'était plus vraiment lui-même, qu'il n'avait plus toute sa tête. Rempli d'émotion et d'une grande tristesse, il lui raconta à quel point cela avait été dur pour lui de la voir chaque jour, là sous ses yeux, et de savoir que ses actes avaient causé tant de peine, chose qui n'avait jamais, en aucune manière, été dans ses intentions. La communication allait s'achever, et le père de la jeune femme supplia sa fille de ne pas se sentir responsable de ce qui s'était passé, mais tout en prononçant ces derniers mots, il hocha tristement la tête, et je me rendis compte qu'il savait, quelque part, que sa petite fille se blâmerait toujours.

Toutes les douleurs ne sont pas guérissables ; il m'est impossible de guérir un cœur brisé, même si je le souhaite désespérément, et à certains moments, je suis obligée d'admettre que tout ce que je peux faire, c'est faire de mon mieux, et laisser Dieu s'occuper du reste.

Il y a deux ans environ, j'étais à Florence où j'animais deux séminaires, et j'avais remarqué une femme d'une quarantaine d'années, l'air très triste, qui avait assisté aux deux sessions ; toujours assise très discrètement au fond de la salle, elle ne participait pas pleinement, mais semblait très attentive à tout ce qui se passait. En définitive, alors que nous nous apprêtions à clore le second séminaire, la femme, prenant son courage à deux mains, finit par lever la main, et encouragée par mon sourire, elle se mit à parler, d'une voix douce et hésitante.

« J'ai été victime d'abus sexuels répétés pendant mon enfance, de la part de mon oncle, le plus jeune frère de mon père, dit-elle d'emblée, très nerveuse. Il est décédé il y a quelques mois.

Je voudrais savoir, poursuivit-elle, en se mettant à verser quelques larmes, pourquoi Dieu a permis qu'une chose si horrible ait pu m'arriver, et je veux savoir si mon oncle a été puni par Dieu, depuis qu'il est mort. »

Mon auditoire et moi-même fûmes cloués sur place, comme vous pouvez l'imaginer, en entendant l'histoire de cette femme, et je me disais qu'elle avait vraiment du courage de s'ouvrir ainsi à nous tous. Mais il y avait une troisième question, dont je sais que beaucoup souhaitent connaître la réponse. Elle voulait savoir si elle était vraiment enfin délivrée de lui pour de bon, car elle craignait qu'à sa mort il soit encore là à l'attendre.

Là encore, il s'agit d'une histoire assez répandue, et je sais que nombre de mes lecteurs et lectrices se retrouveront dans les questions que se posait cette femme. Pour lui répondre, je savais que j'avais besoin de l'aide et de la sagesse de mon guide, étant donné que je ne voulais surtout pas parler à l'oncle – ce que je n'aurais fait qu'à la demande expresse d'Aigle Gris.

Heureusement, l'oncle de cette femme ne se manifesta pas, mes inquiétudes étaient donc sans fondement ; en revanche, mon guide commença, avec douceur et tendresse, à expliquer à la femme que l'essentiel pour elle était de savoir des choses la concernant elle, et personne d'autre. Il ne voulut pas lui dire si son oncle avait été puni, cela ne la regardait pas ; mais il la rassura en lui disant que seuls ceux qui l'aimaient et qui se souciaient d'elle viendraient l'accueillir à l'heure de sa mort, et qu'elle ne devait plus avoir de craintes à ce sujet. Aigle Gris lui donna tout de même une sorte d'explication quant aux raisons pour lesquelles ces choses horribles se produisent.

« La douleur est un cadeau à la fois terrible et magnifique, dit-il, et la douleur de la femme se reflétait dans son regard. Lorsque nous faisons l'expérience de la douleur, c'est une occasion qui nous est offerte de grandir, de devenir plus sensibles. Sinon, quelle autre façon aurions-nous de comprendre véritablement la douleur d'autrui ? D'avoir de la compassion face aux souffrances d'autrui, ou d'être véritablement en empathie avec quiconque ? »

Ce n'était pas la première fois que j'entendais Aigle Gris tenir de tels propos, mais je respirai à fond avant de les transmettre, espérant sans trop y croire que la femme qui était là devant moi comprendrait ce que mon guide tentait de lui dire. Avec fermeté, et comme si je pouvais en quelque sorte insuffler à cette douce créature cabossée ma propre sensation de savoir et de pouvoir, je saisis la main de la femme, et tout en continuant de répéter les paroles d'Aigle Gris, j'eus la joie de voir une étincelle de lumière et de compréhension poindre en elle, tandis que le souffle et l'énergie de mon guide me traversaient et traversaient l'âme de cette femme.

« La douleur est un cadeau à la fois terrible et magnifique, répéta mon guide, non plus seulement à l'intention de la femme à qui je m'adressais, mais à l'intention de tout l'auditoire, et c'est un don qui vient de Dieu. Ne gaspillez pas ce don, mais utilisez-le à votre avantage : laissez-vous guérir par la connaissance même de ces faits ; allez au-devant des autres, et partagez avec eux comme vous avez partagé avec nous aujourd'hui ; nous sommes à l'écoute ; Dieu est à l'écoute ; à présent, allez en paix. » Serrant toujours sa main dans les miennes, je vis cette petite lueur de clarté, de compréhension s'emparer d'elle, briser le carcan de douleur, et elle sourit tout à coup ; on aurait dit que le soleil s'était enfin dévoilé, et je savais qu'elle était sur le chemin de la guérison.

La tristesse et la douleur jouent un grand rôle dans ma vie, mais heureusement l'humour aussi, et même dans les moments les plus tristes, je me surprends parfois à rire.

Un jour, une femme d'un certain âge qui participait à mon séminaire, et qui avait perdu son mari à l'issue d'une longue maladie, voulait savoir si son bien-aimé lui en voulait parce qu'à mesure que sa fin approchait, elle s'était parfois sentie si fatiguée et dénuée de patience qu'elle n'avait pas fait preuve d'autant de gentillesse qu'elle aurait dû. « En fait, vers la fin, j'ai souvent été très " moche " envers lui », admit-elle honteusement.

J'eus un petit rire en entendant cet homme s'esclaffer, et il me dit très clairement qu'au fil de leur longue vie de couple heureux, sa femme avait raté pas mal d'autres occasions d'être plus gentille envers lui…

Je lui transmis le message aussi précautionneusement que je le pus, mais elle éclata en sanglots, sachant que ce que son mari disait était vrai, mais, tout en lui tenant la main pour la réconforter, j'expliquai que son mari savait qu'elle n'était pas une sainte, et lui non plus, mais qu'il était reconnaissant pour les années passées ensemble, et pour tout ce qu'elle avait fait pour lui durant sa maladie.

« Dites-lui qu'elle n'a aucune raison de se sentir coupable ou d'avoir des regrets, ajouta-t-il, qu'elle est l'amour de ma vie, et que malgré l'impatience et l'irritation qu'elle a parfois manifestées, elle est superbe et je l'aimerai toujours. » Quand je répétai ces mots prononcés par son mari adoré, véritables paroles d'amour et de compassion, et qu'elle comprit les messages transmis par son mari, le visage de la femme s'illumina, et pour la première fois depuis longtemps, elle sourit.

Au cours de ce même séminaire, une jeune femme en fauteuil roulant était présente, au premier rang, tout près de la scène. Elle ne posa aucune question particulière, mais je savais qu'elle espérait ou peut-être même attendait quelque chose de ma part, et bien sûr je savais de quoi il s'agissait.

Aigle Gris m'avait dit que sa principale question, la question qu'elle adressait à Dieu, c'était : pourquoi ? Pourquoi l'avait-Il clouée dans ce fauteuil, et quelle était la finalité de sa vie ? Voilà ce qu'elle voulait savoir. Telles étaient les questions qu'elle avait posées à Dieu et à ceux du monde des esprits qui lui étaient chers. Elle les avait souvent posées, ces questions, non par apitoiement sur elle-même ou par ressentiment ; elle les avait posées simplement parce qu'elle ne voulait pas gaspiller ce don de souffrance qu'elle avait reçu ; elle voulait des conseils.

Aigle Gris me l'avait signalée dès mon arrivée dans la salle de conférences, et avait expliqué que la jeune fille était une âme très douce et très aimante.

« Elle a conscience de l'itinéraire qui est le sien, Rosemary, expliqua mon guide, mais elle a juste besoin d'être un petit peu guidée et encouragée, car c'est effectivement une excellente guérisseuse. »

J'attendis jusqu'à la fin du séminaire, et avant de dédicacer les livres ou de parler à qui que ce soit d'autre, j'allai m'asseoir à côté de la jeune fille. Instantanément, une foule de gens se pressèrent autour de nous, personne ne voulant rater un éventuel message ou quelques mots de sagesse de plus émanant d'Aigle Gris, mais je les déçus tous en leur demandant de ne pas s'immiscer dans cet échange intime, les écartant doucement, et leur promettant de passer un peu plus de temps avec eux au moment des dédicaces.

Je voulais être seule avec elle, pour avoir la perception de sa bonté et de son énergie guérisseuse. Ce n'est pas si souvent qu'Aigle Gris parle d'une personne comme il l'a fait de cette jeune fille, et j'étais curieuse de faire sa connaissance par moi-même.

Elle parlait un peu anglais, mais son ami maîtrisait davantage cette langue et il fut à même de nous traduire très bien. La première chose que je fis fut de lui tenir la main ; la jeune fille était très maigre et semblait très frêle, mais j'eus tout de suite le sentiment qu'elle était beaucoup plus forte qu'elle ne le paraissait, et quand je plongeai mon regard au fond de ses yeux, la lumière qui en irradiait me réchauffa, et je perçus la douce énergie du pouvoir de guérison qui émanait d'elle.

Nous sommes restées assises là un moment, tandis que ceux de sa famille passés dans le monde des esprits se rassemblaient autour d'elle pour lui donner les uns après les autres leurs messages d'amour et de réconfort. Mais je savais qu'il allait falloir attendre une réaction de mon guide pour voir si les questions de la jeune femme trouveraient ou non réponse, et, évidemment, après un moment, une fois de plus, des paroles douces et aimantes furent prononcées par mon guide à l'intention de cette enfant tout à fait exceptionnelle.

« Tu sais que ton état est aussi un don que tu as reçu ; tu comprends que telle est ta voie ; une voie que tu as choisie avant même d'arriver sur le plan terrestre ; sois patiente et aie confiance en Dieu, mon enfant, dit Aigle Gris d'une voix douce. Tu es sur le chemin d'une plus grande connaissance de toi et des autres ; au fil de ce voyage spirituel, tu feras l'expérience d'un sentiment universel de communauté, et plus tu t'ouvriras à cela, plus les autres seront prêts à entrer en contact avec toi. Beaucoup voudront te toucher, être près de toi, et lorsqu'ils s'approcheront de toi, pensant t'apporter de l'aide, c'est toi qui la leur donneras. Tu seras celle qui guérit ; tu seras celle qui rassure et réconforte, celle qui fait entrer le soleil dans la vie de ceux qui se rapprocheront de toi. »

La courageuse jeune femme sourit, les yeux étincelants, encore humides des larmes qu'elle avait versées à l'écoute des paroles d'Aigle Gris, sachant déjà ce qu'il voulait dire – comprenant déjà qu'elle, la malade, elle l'infirme, était bel et bien celle qui guérit.

2

Bologne

J'avais voyagé en train jusqu'à Bologne, et j'avais directement rejoint l'hôtel où je devais faire étape, sachant que je n'aurais pas le temps de visiter la ville, car une seule session était prévue, or il était déjà tard et j'étais attendue à 6 heures pour animer cet atelier.

Je me sentais fatiguée, mais c'était une bonne fatigue; la tournée se passait bien et je savais qu'en cours de route Aigle Gris et moi avions inspiré et touché de nombreuses personnes. Mes compagnons de voyage étaient eux aussi fatigués, je le savais, mais ils étaient formidables – une magnifique équipe, tous unis dans un même but : m'aider dans mon travail, veiller sur moi, s'assurer que j'avais tout ce dont j'avais besoin, et si nécessaire s'interposer entre moi et certaines foules trop enthousiastes et excitées, cherchant à s'agripper à moi.

J'avais entendu dire que Bologne était une ville qui méritait le détour, mais la visite serait pour une autre fois, peut-être. L'hôtel était très bien et ma chambre très confortable, mais je n'eus pas le temps d'en profiter, car je devais passer rapidement sous la douche avant de me changer et de filer jusqu'à la salle de conférences où le séminaire devait avoir lieu.

De nombreuses personnes pensent qu'une vie passée à voyager et à séjourner dans des hôtels de luxe est très séduisante, pourtant je dois admettre qu'il y a des moments où cela peut être – et c'est le cas la plupart du temps – dur et épuisant, et où ce n'est rien d'autre qu'un simple moyen de se rendre d'un lieu à un autre.

Mon amie et collègue Stefania, qui fait partie de l'équipe, vint me chercher, et en descendant par l'ascenseur, je respirai profondément à plusieurs reprises afin de me calmer. Les quelques journées précédentes m'avaient semblé longues, et nous n'étions même pas encore à la moitié du programme prévu. Je savais aussi qu'un grand nombre de personnes étaient en attente, comptant sur moi pour que je leur donne le meilleur de moi-même.

Le moment était venu pour moi de prier! D'avoir la foi! D'avoir confiance !

En sortant de l'ascenseur pour rejoindre le hall, nous évitâmes de justesse d'entrer en collision avec un jeune couple qui s'avançait timidement dans notre direction afin de nous saluer. Butant un peu sur les mots, et demandant s'ils pouvaient me souhaiter la bienvenue, ils expliquèrent qu'ils étaient venus du fin fond de l'Italie du Sud juste pour la journée, spécialement pour me voir. Ils étaient arrivés deux heures auparavant, et attendaient patiemment et en silence que l'atelier commence.

Je leur adressai un sourire accueillant, reconnaissante du sourire qui illuminait leurs visages, et j'entrai en leur compagnie dans la salle de conférences où ils regagnèrent leurs places. J'avais tout de suite su, au premier coup d'œil, qu'ils espéraient un message de la part d'une personne précise, et j'avais la forte impression que leurs espoirs seraient comblés, mais je savais aussi qu'ils allaient devoir attendre longtemps avant que cela se produise. Cet aspect-là de la question était du ressort d'Aigle Gris.

Pendant tout le déroulement de l'atelier, ils patientèrent, silencieux et respectueux, sans demander d'attentions particulières, attentifs à chaque mot. Souriant souvent lorsqu'ils voyaient les espoirs des autres participants exaucés ; pleins d'émotion et d'empathie face au chagrin ou à la joie qui traversaient la salle, et ne levant jamais la main pour poser une question : ils attendaient patiemment.

Il y eut ce soir-là une profusion de messages émanant du monde des esprits, adressés à d'autres participants, dont certains avaient perdu un enfant, d'autres leur mère ou leur sœur, des grands-parents ou des frères, et c'est à la clôture même de l'atelier que le fils du jeune couple se manifesta.

Son message fut le dernier de la soirée. C'était le plus jeune de leurs deux enfants. Debout là devant moi, attendant de prendre la parole, je le voyais dans toute sa jeunesse et sa beauté ; je voyais son impatience ; ce n'était qu'un petit garçon, mais très déterminé, et qui avait besoin de serrer ses parents dans ses bras pour leur faire savoir qu'il était en sécurité. Et je savais que c'était justement ce que nous allions faire.

Il entama sa communication par un message adressé à son frère, qui savait que ses parents étaient venus me voir, et qui n'ignorait rien de leurs espoirs ; ce grand frère était lui aussi plein d'espoir, et lorsque je transmis le message aux parents concernant leur fils aîné, ils s'étreignirent, riant et pleurant à la fois tandis que se réalisait leur rêve d'entrer en contact avec l'enfant qu'ils avaient perdu.

Un enfant en bas âge peut parfois avoir, au début, des difficultés à communiquer et je dois toujours être attentive au fait qu'il faut être patient et espérer que mon public le soit aussi. Mais cette fois-ci, tel ne fut pas le cas, car dès que les lignes de communication s'ouvrirent, l'enfant fut prêt à se lancer avec enthousiasme, et n'eut pas le moindre problème pour me le faire savoir.

Expliquant tout d'abord comment il était mort, il apparut très vite que son décès n'était pas le sujet qu'il souhaitait évoquer. Il avait beaucoup plus envie de dire à ses parents combien il les trouvait merveilleux, à quel point leur relation avait été belle et quel magnifique exemple ils avaient donné à son frère et à lui. Tout en parlant, et en envoyant une rafale de messages, il décrivait l'amour que ses parents éprouvaient l'un pour l'autre ; il me demanda de leur dire qu'il les avait très souvent vus rire et pleurer ensemble, se réconforter et se soutenir réciproquement.

Ce n'était qu'un petit garçon, mais de l'avis de tous ceux d'entre nous qui l'écoutaient, il faisait preuve d'une sagesse sans rapport avec son âge, et il me surprit lorsqu'il qualifia la relation de ses parents comme étant – « en plus de nous deux, leurs fils » – leur plus grand trésor.

Ce merveilleux couple – ces deux êtres de toute évidence si proches l'un de l'autre, et qui comprenaient le sens de l'amour authentique qui ne meurt pas – nous a tous inspirés tandis qu'ils se tenaient enlacés, à l'écoute des paroles de leur fils.

C'était une manière parfaite de clore la soirée et, bien sûr, tout cela faisait partie du grand plan divin.

Lorsque je repense à ce soir-là, et au grand nombre de personnes ayant reçu des messages de leurs chers disparus devenus esprits, je songe surtout à ce jeune couple qui avait déjà vraiment enseigné à leurs enfants le sens de l'amour, pas par des mots, mais en exprimant l'amour à travers leurs actes.

« Je suis votre ange à présent, dit le petit garçon, un large sourire éclairant son visage tandis qu'il transmettait le dernier message de la soirée, et je serai là pour vous protéger et pour protéger mon frère, mais Mamma, je veux que tu te remettes à cuisiner, parce que les bonnes odeurs dans la cuisine, nous les regrettons tous. »

Les participants riaient à travers leurs larmes, tout comme les parents du garçon, qui quittèrent finalement les lieux en pleurant de joie.

3

Milan

Toutes les expériences ne sont pas positives ; il y a toujours des gens qui sont d'éternels insatisfaits, d'autres qui estiment que leur chagrin et leur souffrance dépassent de beaucoup les souffrances des autres, et ceux qui, quoi qu'on leur donne, en demandent toujours plus.

Cela peut sembler mesquin de ma part de dire cela, mais malheureusement c'est un fait que certaines personnes ne sont jamais satisfaites ; c'est dans leur nature de grogner et de se plaindre. J'ai rencontré des quantités d'individus de ce genre ; ils ne sont pas mauvais, mais seulement égoïstes, uniquement capables de porter attention à eux-mêmes, et faisant toujours passer leurs propres besoins avant ceux d'autrui. Ma mère était ainsi faite – mesquine et égoïste, pas volontairement, mais parce que c'était devenu son mode de vie quotidien. Je suis sûre qu'il y avait mille raisons susceptibles d'expliquer son comportement, mais à vrai dire, aucune de ces raisons ne pourrait justifier tout le mal qu'elle a fait à tant de gens, par désir d'obtenir satisfaction de ses propres besoins égoïstes.

Il arrive parfois, lorsque nous subissons une perte tragique, que le chagrin nous rende aveugles à ce qui se passe autour de nous ; et même si, dans les périodes fastes, nous sommes généreux et dénués d'égoïsme, le chagrin peut nous rendre amers et hargneux.

Le séminaire de Milan regorgeait de participants désespérés, et dès mon arrivée, je sentis couler vers moi comme un fleuve l'espoir et l'attente, mêlés au chagrin et au désespoir. Comme toujours, je savais que la seule manière d'empêcher que ce fleuve de souffrance ne me submerge était d'y pénétrer tout doucement, de me mettre à nager dans ces eaux en espérant que personne ne s'accrocherait à moi pour me tirer vers le fond. Me noyer était bien la dernière des choses à faire.

Un par un, au fil de la soirée, les messages parvinrent du monde des esprits, et le cours torrentiel du fleuve de souffrance se calma et se fit plus régulier. Ce fut difficile, car tant de gens dans la salle avaient perdu des enfants, tant d'autres étaient malades et espéraient un miracle, et je savais qu'il serait impossible d'atteindre chacun individuellement, mais les participants étaient au diapason avec moi, et m'apportaient tout leur soutien, tous à l'exception d'une femme – une femme qui avait perdu sa mère.

Elle était désespérée, me dit-elle lorsque je commençai à lui parler et que sa mère se manifesta pour lui donner un message d'amour. Je lui pris la main, hochant la tête pour lui signifier que je la comprenais. Mais je ne pouvais lui accorder qu'un temps restreint, car nous n'en étions qu'à la moitié de la soirée, et il y avait tant d'autres personnes en attente; je m'apprêtais à poursuivre, lorsqu'elle me saisit le bras. Ce n'était pas suffisant; ce que je lui avais donné ne lui suffisait pas, elle en voulait plus; et dans son désir égoïste d'être le point de mire de mon attention, elle devint aveugle au point d'être dans l'incapacité même de voir le désespoir de ceux qui l'entouraient – des gens qui avaient perdu leurs enfants, et dont les besoins étaient tellement plus urgents que ceux qui étaient les siens dans l'immédiat.

Je m'éloignai d'elle, mais elle continuait de parler, m'interrompant chaque fois que j'essayais de m'adresser à quelqu'un d'autre, nous assenant sa propre histoire, coupant la parole aux autres, et refusant de se taire, jusqu'à ce que je menace de l'expulser si elle insistait. Dans son égoïsme aveugle, cette femme croyait que son chagrin était plus important que celui de quiconque, et que sa peine dépassait celle des autres. Elle pensait que sa souffrance était différente, unique et spéciale, et plus je l'ignorais, plus elle devenait arrogante et véhémente.

Mais je traversai le fleuve de douleur et, au fur et à mesure que le temps s'égrenait, le torrent se calma; la voix de la femme égoïste se réduisit à néant dans ma tête et le monde des esprits continua à émettre des messages d'amour et de réconfort à mon auditoire – des gens merveilleux.

Les participants et les messages à transmettre étaient si nombreux, et tandis que je suivais la main d'Aigle Gris qui me guidait, je me retrouvai face à un couple de personnes entre deux âges, serrés l'un contre l'autre, tous deux visiblement désespérés, et qui en même temps espéraient faire partie des heureux candidats à venir. J'ai toujours dit que pour moi, la perte d'un enfant est forcément la plus difficile entre toutes, ce qui ne veut pas dire que toute autre perte soit chose facile – loin de là ; mais en tant que mère mon empathie a tendance à aller vers les parents et les familles obligés d'affronter le reste de leur vie privés de la présence auprès d'eux de leurs enfants. La seule chose dont je puisse envisager qu'elle soit pire est la perte de deux enfants, et face à ce couple endeuillé, je sus tout de suite qu'ils étaient dans ce cas.

Très vite, je me sentis partir en arrière, franchir le sas du temps, jusqu'à l'époque précédant de peu l'accident – et je vis le fils en train de rire et de plaisanter avec ses parents, avant de partir à la fac.

C'était un beau jeune homme, au large sourire, doté d'un grand sens de l'humour, et il avait des gestes très affectueux envers sa mère, qu'il serrait dans ses bras en l'embrassant pour lui dire au revoir.

Je souris tristement en suivant des yeux cette scène depuis mon poste d'observation dans l'ombre, et je l'accompagnai lorsqu'il se dirigea vers sa voiture et démarra. Je tournai la tête pour un dernier regard en arrière en même temps que lui, et tandis qu'il faisait un signe affectueux de la main, ses parents le lui rendirent, sans savoir que c'était leur dernier instant de partage sur cette terre.

Le camion déboula du virage à toute allure et le choc fut si violent que le jeune homme fut tué sur le coup ; mais tandis qu'il voyait le camion venir vers lui, il était déjà en train de partir, d'aller vers la lumière. Et moi aussi, je partis, je remontai, je repassai le sas pour revenir au présent, et retrouver mon auditoire en rapportant ce que j'avais vu, et le couple acquiesçait. Je vis leur fils à leurs côtés, ce même large sourire sur le visage.

Je pensais que c'était tout, que nous étions prêts à commencer, mais en tendant ma main vers celle de la mère, un mouvement attira mon regard, je levai les yeux, craignant que quelque chose m'ait échappé, et c'est alors que je vis la jeune fille. Elle était à peine adolescente, mince et jolie, et elle ressemblait beaucoup à son frère, la ressemblance me parut frappante car ils étaient là, côte à côte, et avant d'avoir le temps de parler, de dire à qui que ce soit ce qui se passait, je « décollai » de nouveau.

Je repartis en arrière, franchis le sas et cette fois-ci je me retrouvai dans une salle d'hôpital. La jeune fille était allongée dans le lit, ses parents assis de chaque côté. Je percevais à l'arrière-plan le bruit et l'effervescence de l'hôpital et, de temps en temps, je voyais entrer une infirmière ou un médecin jeter un coup d'œil par la porte ouverte pour s'assurer que tout allait bien. Mais en observant la scène, j'avais le cœur brisé par la douleur des parents. Je savais que rien dans la vie de ce couple n'irait plus jamais bien.

« C'était un cancer, me chuchota la jeune fille à l'oreille. Le diagnostic est tombé juste après l'accident de mon frère, et je suis morte peu après. »

En remontant de nouveau jusqu'au présent, le silence qui s'abattit sur la salle de conférences tandis que je rapportais ce que je venais d'entendre contrastait du tout au tout avec le brouhaha que j'avais entendu dans l'hôpital. Je jetai un coup d'œil circulaire sur les participants au séminaire, reconnaissante de leur bonté, de leur empathie. Je savais que nombre d'entre eux avaient vécu des tragédies, mais pour l'instant, ils étaient pleins d'espoir et ils priaient pour ce couple qui avait perdu ses deux enfants dans des circonstances si différentes et pourtant également tragiques.

Le fleuve de souffrance est parfois si tumultueux, si puissant que j'ai du mal à respirer, à rester à flot, alors je me fais à moi-même la remarque que mon séjour dans ce courant n'est que de courte durée, alors que d'autres – comme ce couple qui me fait face en cet instant – ont passé leur vie entière à surnager dans ce fleuve, et qu'ils se tournent à présent vers moi pour les aider d'une manière ou d'une autre à survivre à la douleur.

Dans le public, les gens peuvent à un certain moment se noyer dans le chagrin et l'instant d'après rire et reprendre espoir, tout dépend de là où Aigle Gris et moi-même les emmenons ; tout dépend de là où veulent les emmener ceux du monde des esprits ; et le rire est la meilleure forme de guérison que nous connaissions. Voilà donc ce que nous fîmes.

Débordant de chaleur et de rires, d'amour et de lumière, les deux jeunes enfants, main dans la main, se mirent à raconter à leurs parents leurs souvenirs d'enfance, dont certains étaient d'une telle loufoquerie, d'une telle drôlerie que, très vite, nous éclatâmes tous de rire – les parents, surtout. Leurs enfants leur avaient apporté un cadeau : ce cadeau n'était autre que l'absolue certitude qu'ils n'étaient pas morts, mais qu'ils avaient survécu à la mort et étaient à présent auprès de Dieu et de leurs anges. « Nous sommes ensemble et nous sommes heureux », dirent le garçon et sa sœur, riant d'avoir prononcé des mots en même temps, et tandis que j'expliquais tout cela aux parents et au public, nous partagions nos rires avec eux, et les dernières paroles transmises nous coupèrent le souffle.

« Nous sommes dans un lieu merveilleux, un jardin où les fleurs s'épanouissent et où l'amour pousse partout comme du chiendent. »

L'atelier touchait à sa fin, et tandis que je gravissais les marches de l'escalier de sortie, tant de personnes vinrent me serrer dans leurs bras en remerciement de l'expérience extraordinaire que je leur avais permis de vivre, et je leur rendis leur étreinte, que malgré la fatigue, je me sentais merveilleusement bien.

C'est une fois sortie dans la rue que je me fis accoster par la femme qui avait, plus tôt dans la soirée, tenu des propos si agressifs à mon égard. Elle était en colère parce que, selon elle, je lui avais consacré moins de temps qu'à certains autres, et tandis que je m'efforçais de monter dans un taxi qui m'attendait pour m'emmener à une autre conférence, elle s'interposa, me barrant le passage.

D'un côté, j'étais désolée pour elle, de l'autre, non. Elle s'était montrée mesquine, jalouse, intransigeante et remarquablement indifférente à la douleur et aux souffrances des autres, je n'allais pas la récompenser pour ce comportement en lui accordant un instant de plus de mon temps. Mais j'étais navrée qu'elle ait reçu un message de sa mère, un petit message, qui était sans valeur pour elle ; mais elle avait aussi reçu, comme les autres membres du public, un cadeau, un don – cette opportunité qui lui était offerte d'aller vers les autres et d'entrer en contact avec Dieu et le monde des esprits ; et elle y était restée aveugle.

Je finis par monter dans le taxi, qui démarra. J'aurais facilement pu garder en moi le regard de haine présent dans les yeux de cette femme quand le taxi passa à son niveau, mais pourquoi le ferais-je, alors qu'il était beaucoup plus facile de garder en mémoire les visages souriants du frère et de la sœur qui avaient connu une mort si tragique, mais qui avaient prouvé qu'ils étaient vivants et heureux, et auprès de Dieu.

4

Rome

Je rentrais d'un atelier programmé sur toute une journée, très impressionnant en raison du grand nombre de participants ayant perdu des enfants, et c'était si bouleversant qu'à un moment donné, je demandai qu'on fasse venir les parents aux premiers rangs afin que je puisse leur accorder une attention sans faille.

Ce jour-là mon public était formidable : des gens totalement dénués d'égoïsme, et vraiment prêts à m'aider à transmettre à ces parents des messages de la part des enfants passés dans le monde des esprits, même si cela voulait dire que j'aurais moins de temps à consacrer à tous les autres.

Je savais qu'il ne restait plus beaucoup de temps, et en réalité les organisateurs m'avaient fait savoir qu'il me fallait partir si je voulais être à l'heure pour la dédicace à la librairie, où d'autres personnes m'attendaient. Je regardai les parents qui restaient, ceux qui n'avaient pas encore reçu de message, et je voyais leurs enfants dans le monde des esprits, attendant avec espoir une chance de communiquer avec leur famille. Comment dire non? Comment ignorer leur demande? Cela m'était impossible. J'avais donc demandé au public d'être compréhensif, et invité les parents à s'asseoir devant, en ignorant les arguments de ceux qui voulaient m'emmener dans les plus brefs délais sur le lieu de ma prestation suivante, et je m'assis tranquillement, prête à débuter.

Prise d'un mal de tête qui menaçait de virer à la migraine, je sentis mes yeux commencer à se fermer sous l'effet de la douleur, mais je m'accrochai à Aigle Gris et nous ne tardâmes pas à partir en arrière, et à franchir le sas... et les enfants, l'un après l'autre, me firent partager le récit de leur vie. Des histoires que je réserve pour une autre fois.

La librairie était bondée : deux cents personnes au moins étaient là à attendre patiemment leur dédicace, et tout d'abord, quand j'essayai d'entrer, la foule était si dense qu'on ne se rendit pas compte que c'était moi qui poussais, tentant de me frayer un chemin. Personne ne voulait céder sa place, et il fallut un bon moment pour les convaincre, mais ils finirent par comprendre et me laisser passer.

J'étais déjà épuisée par cette rude journée, la douleur me battait les tempes, et j'avais aussi très faim, car nous n'avions pas eu le temps de manger. Cela n'avait rien d'inhabituel, mais je savais que si je voulais donner le meilleur de moi-même, il me fallait juste quelques minutes de répit pour me ressaisir, et plusieurs bouchées de pain pour me permettre de continuer.

La librairie en question est un endroit formidable : les séances de signature prévues sont toujours très bien organisées et très bien maîtrisées, avec de nombreux bénévoles pour tout encadrer, ce qui tombait bien ce soir-là, car il y avait foule. Mes livres sont toujours en rayon chez ce libraire, et j'étais très heureuse de me retrouver là.

Quelqu'un m'apporta une part de pizza à grignoter et un verre de lait, et en quelques minutes j'étais prête à commencer, même si mon ventre creux criait encore famine. Dès que j'eus le micro en main, tout le monde fit silence et tous les regards se tournèrent vers moi quand j'entamai mon travail.

Tous ceux qui étaient présents dans la librairie étaient pleins de respect, et les questions fusèrent très vite ; des mains se levèrent et je passai d'une personne à l'autre, prenant en compte un maximum de questions, et délivrant au passage des messages venus du monde des esprits.

Une main se leva, et je désignai du doigt une vieille dame, qui voulait avoir des nouvelles de sa fille. « Elle est morte il y a vingt ans et j'aimerais savoir si elle est toujours à mes côtés ou si elle a poursuivi sa voie, et si je la verrai quand je vais mourir. »

En entendant cette question, je vis la fille de cette dame. « Je suis là, Mamma, ne t'inquiète pas, déclara la fille, je suis toujours là et je te vois tous les jours, et je viendrai te chercher quand ton tour viendra. Et ne te tracasse pas, Mamma, les résultats d'analyse sont bons ; tu vas te remettre ; ton heure n'est pas encore venue… et fais mes amitiés à Ricardo. Je t'aime, Mamma, je t'aime. »

Une autre main se lève, puis toute une marée de mains... une autre question, d'un homme au fond de la salle. « Ma femme vient-elle toujours me voir ? »

Et je vois sa femme, debout près de lui. « Je viens te voir tous les matins avant que tu ne sortes du lit, dit-elle, cela fait un an que le cancer du sein m'a emportée. Il était si bon et s'est si bien occupé de moi, et à présent je lui manque tellement. »

L'homme fut bouleversé par le message, et des larmes se mirent à couler sur ses joues tandis qu'il hochait la tête, pour me signifier qu'il avait saisi.

Puis il y eut une autre question, et encore une autre, et parmi elles une question d'un jeune homme qui avait perdu son père. « Dites-moi, Rosemary, est-ce qu'il me voit ? Est-ce qu'il m'entend quand je lui parle ? » Et j'aperçus tout de suite un homme près de lui. « J'ai eu une crise cardiaque et je suis mort sur le coup, l'entendis-je me dire, mais oui, je te vois et je t'entends aussi. Je t'aime, mon fils, je t'aime », et le jeune homme pleura de joie. « C'est lui, c'est mon père ! » Et cela se poursuivit pendant près de deux heures, jusqu'à ce que le temps imparti soit épuisé, et la fin de la réunion s'annonça.

Je restai encore une heure à dédicacer des livres, mon estomac me signalant que j'avais atrocement faim, et que les petits grignotages étaient insuffisants. Ma tête continuait à me faire souffrir et je commençai à ressentir une légère sensation de nausée.

« Plus que quelques minutes, me murmura à l'oreille un de mes collègues, et nous allons dîner au restaurant. »

J'acquiesçai, avec un léger soupir. J'étais fatiguée, affamée, mais je gardais le sourire à la pensée de tous les merveilleux messages délivrés ce jour-là, de tous ces êtres du monde des esprits qui avaient pu s'exprimer et communiquer avec des personnes chères. La journée avait été bonne, me disais-je en m'apprêtant à quitter la librairie.

Au moment où je tendais la main pour récupérer mon châle resté sur le dossier de ma chaise, je m'aperçus que mon collègue était en grande conversation avec les responsables de la librairie, mais je n'y aurais pas prêté attention si je n'avais remarqué un homme, grand et mince, debout là, à côté d'eux. Il avait une attitude particulière – un peu voûté, le dos rond, les épaules en avant – et son visage portait un masque de souffrance et d'angoisse. Mais j'étais fatiguée et tout ce que je voulais, c'était manger et me reposer, je me levai donc, pour que tout le monde sache bien que j'étais prête à partir.

Le patron de la librairie s'approcha de la table avec l'un de mes collègues, l'homme que j'avais repéré les suivait patiemment, et avant même qu'ils n'aient ouvert la bouche, je savais qu'il me restait encore quelque chose à faire.

J'acquiesçai lorsqu'ils me demandèrent, en guise d'ultime faveur, de m'occuper d'une dernière personne, et de transmettre un message à l'homme qui les suivait : ce dernier s'approcha, s'agenouilla devant la table et tendit sa main vers les miennes, le visage ruisselant de larmes, au point que ses propos étaient incompréhensibles. Mais c'était sans importance, car la cause de son chagrin était claire pour moi.

Elle était petite, on aurait dit un elfe, ses cheveux blonds, vraiment très blonds formaient un halo autour de son petit visage en forme de cœur, elle avait des yeux malicieux, et son excitation était contagieuse, et je ris lorsqu'elle tendit ses mains et les passa dans mes cheveux.

« C'est bon, je te vois, dis-je doucement, dis-moi, c'est ton papa, là ? », demandai-je, en désignant l'homme qui était devant moi, toujours en sanglots.

« C'est mon papa, et il n'arrête pas de pleurer », dit l'enfant qui, bien qu'âgée de quatre ans seulement, s'exprimait très aisément, et avait toute confiance par rapport à ce que nous étions en train de faire.

« Et tu veux que je lui dise que tu es là ? », demandai-je. L'enfant hocha de nouveau la tête.

« Mais il faut qu'il arrête de pleurer, sinon il ne pourra pas m'entendre », dit-elle sans se décontenancer.

Je pris donc les mains de son père dans les miennes, mais je dus d'abord le calmer et faire en sorte qu'il cesse de pleurer aussi fort. Cela fut l'affaire de plusieurs minutes – et de quelques mouchoirs, offerts par les nombreuses personnes qui s'étaient attardées sur les lieux pour voir ce qui se passait, mais les sanglots de l'homme finirent par s'apaiser, et je tournai de nouveau mon attention vers l'enfant.

Je partis à toute vitesse vers le passé en franchissant le sas : je me retrouvai d'abord à l'hôpital où je vis l'enfant allongée dans un lit, bardée de fils et de tubes. « Un cancer, me dit Aigle Gris, et une forme particulièrement douloureuse et terrible de cancer. » Je me déplaçai de nouveau dans le temps, et je tressaillis de douleur en entendant crier l'enfant, et en voyant les infirmières lui brancher quelque chose qui la fit crier encore plus.

« J'ai mal, papa, j'ai mal », sanglotait l'enfant en essayant de se dégager de l'emprise du médecin qui s'efforçait de maintenir l'aiguille en place. J'observais dans l'ombre ; et lorsque j'entendis le cœur du père se fissurer, puis se briser en un million de miettes, ce fut un instant poignant et abominable.

Plus vite, plus vite, plus loin en arrière jusqu'à l'époque où l'enfant était en bonne santé et où tout semblait encore possible ; je l'entendis avant même que mon regard ne se stabilise : son rire délicieux, ses petits cris de plaisir, tandis qu'elle s'accrochait au cou de son père qui la faisait sauter sur ses épaules en courant tout autour de la chambre. Il partageait la joie de sa fille avec un rire sonore et exubérant ; la joie qu'elle lui procurait était contagieuse, et je ris aussi en les regardant jouer.

Malgré tout, je sentais chez lui une autre fêlure ; quand sa femme les avait tous deux abandonnés, il avait craqué, n'arrivant pas à comprendre comment une mère pouvait partir en laissant derrière elle son enfant, qui n'était encore qu'un bébé à l'époque, et les raisons pour lesquelles elle l'avait quitté restaient floues pour lui. Seul un mot laissé par sa femme évoquait ce départ.

Il était bien décidé à ce que sa fille ne manque de rien, déterminé à l'aimer pour deux – pour lui et pour sa mère, déterminé à être son protecteur. C'est ainsi qu'il était devenu le père dont rêvent tous les enfants, il était devenu ce qu'il pouvait être de mieux.

Quand elle tomba malade, sa petite fille devint incapable de marcher, il devait la porter partout sur ses épaules, et cela devint leur rituel, leur façon à eux d'être ensemble ; un moyen pour le père de protéger son enfant, et un moyen pour l'enfant de s'accrocher à son père. Voilà ce que j'avais constaté à mon retour au présent.

En franchissant de nouveau le sas vers le présent, je racontai à l'homme tout ce que j'avais vu et entendu, lui disant à quel point la petite adorait caracoler sur ses épaules, et lui rappelant combien ils aimaient jouer et rire ; il craqua de nouveau l'espace d'un instant, mais cette fois-ci il souriait un peu à travers ses larmes, à l'évocation répétée des merveilleux moments qu'ils avaient tous les deux vécus ensemble.

Et je repartis en arrière dans le temps ; cette fois, je vis l'enfant angélique sous un angle différent ; cette fois, elle dormait mais en m'approchant d'elle, je vis les paupières de la petite fille s'entrouvrir sur un regard vide d'enfant malade. Elle avait de grands cernes noirs sous les yeux, sa peau était d'une pâleur extrême, couleur d'albâtre, et ses magnifiques cheveux n'étaient plus là. Je savais, en la regardant, que je la voyais telle qu'elle était à ses derniers moments, il ne lui restait tout au plus qu'une journée à vivre, voire quelques heures, et lorsque cette pensée me traversa l'esprit, je perçus le bruit familier de l'approche des anges, je sentis autour de moi le doux battement familier de leurs ailes et le souffle de ces ailes effleurer mon visage et soulever mes cheveux, et je vis, rayonnants de la lumière de Dieu, les anges de la petite fille entourer son lit : je savais qu'ils étaient venus la ramener « chez elle ».

Revenue une fois de plus au présent, je racontai au père ce que j'avais vu; ses sanglots redoublèrent tandis que je décrivais les moments qui avaient précédé sa mort, mentionnant la perte de ses cheveux. Mais l'enfant prit alors la parole, et tandis que je regardais dans sa direction – elle se tenait là, tout près de son père – je souris en la voyant si belle, avec ses cheveux bouclés éclatants de santé, et en entendant les mots destinés à l'être qu'elle aimait entre tous – son père – mon cœur me faisait mal, tant il était gonflé de joie pour eux deux.

« Je vais bien à présent, papa, j'ai retrouvé mes cheveux, dit-elle en souriant, et je ne suis plus malade. Je te regarde dormir et parfois, je me pelotonne dans le lit à côté de toi. Je te chatouille le menton quand tu ne te rases pas, et partout où tu vas, je suis là, à califourchon sur tes épaules, et je suis assise à côté de toi quand tu regardes la télé. Mais tu sais, papa, quand tu pleures trop, je n'aime pas ça, et quand tu fais ça, alors je te prends la main comme tu prenais la mienne quand je pleurais. »

Dès que le père entendit les paroles de sa fille, ses sanglots se calmèrent à la pensée de l'effet perturbateur de ses larmes sur l'enfant, et il eut un petit rire en se rendant compte que c'était elle, sa petite fille, sa fille unique, qui essayait de lui apprendre à être courageux, comme elle l'avait été lorsqu'elle était malade. Il se leva, me tendit les bras par-dessus la table, et me serra très fort, en me remerciant à profusion de lui avoir rendu sa fille.

« Vous savez à présent que votre fille ne vous a jamais quitté », dis-je, en lui souriant avec douceur, en serrant entre mes bras cet homme brisé. « Il m'était impossible de vous rendre ce que vous n'avez jamais perdu, et comme vous le constatez, elle est là, à vos côtés. »

Et finalement, j'entendis de nouveau la douce voix de sa fille, qui m'adressait un geste d'adieu, dire : « Papa, papa, je t'aime. »

Cinquième partie

OUI, LES MIRACLES EXISTENT !

1

Le miracle de Cooper

La plupart des gens voient en moi celle qui parle avec les morts, qui transmet des messages du monde des esprits ; celle qui rapproche les morts des vivants, et, bien sûr, c'est ce que je fais. Ceux qui me voient dans mon autre rôle, celui de guérisseuse, ne sont qu'une poignée, et ce n'est qu'à travers les histoires que je rapporte que la majorité des autres peuvent être témoins de certaines expériences remarquables que vivent les guérisseurs.

Comme je l'ai dit dans le passé, toute guérison est un miracle, que le malade soit guéri ou qu'il meure, car je crois fermement que la guérison vient de Dieu, quelle que soit la forme qu'elle prend : la mort n'est pas une punition ; je crois que la mort n'est qu'une porte, un seuil que nous franchissons pour accéder à une nouvelle vie et à des horizons nouveaux.

Au fil des années, des milliers de patients me sont passés entre les mains, et j'ai cité certains cas dans mes livres. Le rôle de guérisseur est souvent pénible : on est témoin de la souffrance et du déchirement liés à la maladie, on est témoin du combat que mènent avec courage les malades qui luttent contre une maladie dont l'issue est fatale, ou de l'incroyable tristesse d'une famille réduite à l'impuissance, incapable d'aider un être cher. Le guérisseur doit donc faire preuve d'une certaine force, d'une certaine foi, qu'il n'est pas toujours facile de conserver. Mais j'ai la chance d'avoir Aigle Gris pour me rappeler à l'ordre quand me prend l'envie d'abandonner, quand je me sens inutile, incompétente ou impuissante. Mon guide est là pour me rappeler que je ne suis rien de plus qu'un simple individu, et que tout ce que je peux faire, c'est faire de mon mieux.

Lorsque je commençai à m'occuper de Cooper, en 2002, ce fut par l'intermédiaire de mon ami Patrick. Lors de l'accident de Cooper, nous lui avons régulièrement rendu visite ensemble, et comme je ne crois pas aux coïncidences, j'accordai une grande attention au rôle que je fus amenée à jouer. Mais avant de poursuivre, j'aimerais vous soumettre une lettre que m'adressa la sœur de Patrick, qui est aussi la mère de Cooper.

C'était le jour de l'anniversaire de ma fille, et Maureen et Patrick étaient venus de Californie pour l'occasion. J'étais toute contente de voir Maureen et d'avoir des nouvelles des progrès de Cooper, car je ne lui avais pas parlé depuis longtemps et j'étais curieuse de savoir comment évoluait mon patient.

Hélas, il y avait tellement de monde à la fête d'anniversaire que je demandai à Maureen de bien vouloir m'écrire et de me faire un compte rendu de la situation de son fils. Je lui demandai par la même occasion la permission de partager éventuellement son témoignage, afin que ses propos et son expérience puissent aider d'autres personnes confrontées à la même situation, et elle accepta. Voici donc le texte de sa lettre :

LETTRE D'UNE MÈRE

Le 30 mai 2002, à 18 heures, ma famille et moi nous rendions à pied chez des voisins et collègues, qui habitaient trois rues plus loin, pour un « pot d'adieu ». Mon mari et moi étions tous les deux enseignants à la faculté de droit de l'université du Wyoming, et nous devions partir pour Toledo, dans l'Ohio, pour prendre un nouveau poste à la faculté de droit de l'université de Toledo. Nous avions prévu de déménager le 15 juin, une fois bouclée l'année scolaire des enfants. Les enfants – mon fils Cooper, âgé de dix ans, et les deux fils de mon mari Mark – Tom et Sam, respectivement âgés de dix et quatorze ans – accompagnés du fils de nos collègues, partis à la course, étaient déjà loin devant.

Quand Mark et moi arrivâmes chez nos amis, les enfants n'étaient pas là. Je demandai à Bob et Alyson : « Mais où sont les enfants ? » C'est à ce moment-là que leur fils Connor entra en trombe dans la cuisine en hurlant : « Cooper s'est fait renverser par une voiture dans Sheridan Street ! » Sur le coup, je crus à une plaisanterie, mais je compris d'emblée que c'était vrai. Nous repartîmes en courant jusqu'à Sheridan Street, une rue certes tranquille, mais qui était une sorte de passage obligé au cœur de ce paisible quartier résidentiel où nous habitions. Je vis Cooper allongé dans la rue et je sus tout de suite que ses blessures étaient terribles. J'avais suivi une formation de secouriste et je savais que Cooper avait tous les signes manifestes de dommages cérébraux sévères.

Cooper était allongé sur le dos, et il respirait par saccades, à la fois de façon superficielle et mécanique. L'un de ses yeux était révulsé, l'autre avait un regard fixe, vide, la pupille dilatée. Du sang coulait de ses oreilles. Ses bras et ses jambes avaient la posture caractéristique des lésions cérébrales graves – les membres raides comme un bout de bois et tournés vers l'intérieur. J'indiquai à la femme qui était en train d'appeler les secours de dire à son interlocuteur que Cooper était gravement blessé à la tête et qu'il fallait le transporter d'urgence en hélicoptère à l'hôpital pour enfants de Denver, dans le Colorado, à deux cent cinquante kilomètres de distance.

Une part de moi-même fonctionnait en « mode clinique », occupée à évaluer la gravité des blessures, mais l'autre était envahie de la terreur la plus absolue. J'étais persuadée d'avoir perdu mon fils, et je mourais d'envie de me jeter sous les roues de la première voiture venue. En toute honnêteté, j'avais le sentiment de ne pas pouvoir vivre sans lui. J'ai sans doute dû penser à haute voix (et dire : « Il est mort ») car quelqu'un qui se trouvait à mes côtés m'a dit de commencer le bouche à bouche. Je lui ai répondu qu'il respirait et que son cœur battait, et qu'il n'avait pas besoin de bouche à bouche. « Dans ce cas, pourquoi avez-vous dit qu'il était mort ? » Impossible de répondre à cela…

Les secouristes arrivèrent et prirent Cooper en charge. Tandis qu'ils l'installaient sur un brancard, la femme qui avait appelé les secours me dit que Cooper lui avait parlé juste après l'impact. Elle avait entendu le bruit de la collision et était sortie voir ce qui se passait. Cooper avait « atterri » tout près de sa maison et elle s'était précipitée vers lui. Il lui avait dit : « Je m'appelle Cooper, j'ai dix ans », avant de perdre conscience.

Les secouristes transportèrent Cooper à l'hôpital de Laramie où le personnel des urgences devait le préparer en prévision du vol jusqu'à Denver. Je les suivis en voiture jusqu'à l'hôpital en compagnie de mon amie, tandis que Mark récupérait les autres enfants. Tom avait assisté à l'accident et était horrifié.

À mon arrivée à l'hôpital, Cooper avait déjà été intubé et équipé d'une minerve. L'hélicoptère arriva quelques minutes plus tard avec à son bord une équipe d'infirmières urgentistes. Dans l'intervalle, Mark avait lui aussi rejoint l'hôpital. On nous expliqua que nous ne pouvions pas accompagner Cooper à Denver. Il nous faudrait donc faire le trajet de 250 km en voiture. Des voisins vinrent chez nous afin de s'occuper des enfants – et des animaux. Nous jetâmes quelques affaires en vrac dans un sac avant de prendre la route.

Sur le chemin, je fis tout mon possible pour joindre le père de Cooper afin de l'informer de ce qui s'était passé. Je n'y parvins pas, mais je réussis à parler à ses parents, et je leur demandai de le contacter. Puis j'appelai ma mère, à qui j'expliquai la gravité de la situation. Ensuite, je dis à Mark que la vie, pour moi, ne serait plus jamais la même. Puis je me tus. Je ne pouvais tout simplement plus parler.

À notre arrivée à l'hôpital pour enfants de Denver, aux environs de 21 h 30, nous fûmes accueillis par une assistante sociale qui nous indiqua que Cooper était dans l'unité de soins intensifs de pédiatrie. Elle précisa que cette unité était au maximum de ses capacités depuis des semaines, mais qu'un lit s'était libéré pendant le vol de Cooper. L'idée qu'il puisse éventuellement être refoulé ne m'était jamais venue à l'esprit, c'est pourtant ce qui s'était produit avec de nombreux enfants les semaines précédentes. L'assistante sociale nous accompagna aux urgences pédiatriques, mais les médecins dirent qu'on était en train de stabiliser l'état de Cooper, et de le brancher sur un respirateur – et qu'on ne pouvait pas le voir. On nous assura que l'hôpital pour enfants de Denver était spécialisé en neurologie pédiatrique, et que le médecin de Cooper était un spécialiste du traitement des traumas crâniens internes.

À son arrivée, le médecin avait un air des plus évasifs. Nous avons appris depuis que la plupart des neurochirurgiens et des neurologues ont toujours l'air évasif – ayant souvent d'assez mauvaises nouvelles à annoncer. Il nous dit que le scanner de Cooper mettait en évidence une fracture du crâne et un épanchement sanguin intracérébral, mais qu'à première vue il n'y avait aucun signe évident de dommages cérébraux sévères. Nous pensions que c'étaient de bonnes nouvelles, mais il poursuivit en précisant que les symptômes de trauma cérébral de Cooper étaient extrêmement graves – coma de niveau 5 sur l'échelle de Glasgow, autrement dit incapacité à respirer de manière autonome, coma profond, absence totale de réaction aux stimuli classiques, etc. – et il indiqua qu'il avait une lésion axonale, qui n'apparaissait pas au scanner. Il nous expliqua que l'impact avait provoqué la rupture des axones, ou fibres nerveuses entre la matière grise et la matière blanche, et que la situation ne s'améliorerait pas. Il ajouta que le scanner montrait une fracture au niveau de la deuxième vertèbre cervicale.

J'avais l'impression que le monde s'effondrait, et je regardais fixement le médecin. Je finis par lui rapporter les paroles de la femme qui avait appelé les secours : « Il a dit qu'il s'appelait Cooper et qu'il avait dix ans. » Le médecin répliqua que c'était impossible, que la lésion était concomitante à l'impact et qu'il n'avait pas pu prononcer ces mots. Le médecin s'en alla et je demandai à Mark d'appeler la femme en question et de lui demander de confirmer ce qu'elle avait entendu. Je redemandai à plusieurs reprises à Mark d'appeler cette femme. À chacun de nos appels, y compris au milieu de la nuit, elle confirma ses dires. C'était ma bouée de sauvetage.

Nous allâmes voir Cooper après l'entrevue avec le neurochirurgien. Il était en salle de réanimation, deux infirmières à ses côtés, mobilisées pour ses soins exclusifs. Il était branché à un respirateur, la tête emprisonnée dans un casque, une sonde insérée dans le cerveau pour mesurer la tension intracrânienne, il avait un stabilisateur cervical, et des multitudes de fils et de tubes branchés de toutes parts. Il était couvert d'égratignures et d'ecchymoses. Le docteur dit qu'en plus des lésions cérébrales, il avait une inflammation du poumon, et qu'une pneumonie bactérienne s'était déclarée, due au fait d'avoir aspiré des vomissures quand il avait perdu conscience. Le médecin nous conseilla d'essayer de dormir car « la route risquait d'être longue ».

Nous nous rendîmes dans une des « chambres d'accueil » de l'hôpital pour essayer de dormir. Quand nous retournâmes dans la salle de réanimation le lendemain matin, Kurt – le père de Cooper – et sa femme Rita étaient là. Ils avaient fait en voiture tout le chemin depuis Salt Lake City, dès l'annonce de l'accident. Ils étaient effrayés, mais optimistes, et n'eurent pas un mot de blâme à mon encontre. Nous étions tous là – Kurt, Rita, Mark (mon mari) et moi – assis à surveiller Cooper et tous ses écrans de contrôle, et à écouter leurs bips. Chaque fois que la tension intracrânienne atteignait un niveau critique, ce qui était souvent le cas, une alarme se déclenchait, et infirmières et médecins arrivaient tout de suite, et contrôlaient les médicaments, la succion, etc.

Mark nous quitta quelques instants pour aller nous réserver une chambre dans l'hôtel Ronald McDonald juste en face du bâtiment des longs séjours. Il fallait se rendre à l'évidence : nous n'allions pas rentrer chez nous de sitôt.

L'entrevue avec le neurochirurgien m'avait tellement traumatisée que j'étais incapable de parler à quiconque – surtout aux médecins de Cooper. En réalité, le simple fait de les voir me donnait le vertige. Ma terreur était telle que c'est à peine si j'arrivais à parler à Mark. Les gens n'arrêtaient pas d'appeler les urgences pour avoir des nouvelles de Cooper et je ne voulais parler à personne, pas même à ma mère ou à Patrick, mon frère jumeau.

Mark, Rita et des amis vivant à Laramie essayaient de se renseigner sur les lésions axonales et les informations recueillies ne leur disaient rien de bon. Le téléphone ne cessa de sonner toute la journée. Mark et Rita méditaient sur leurs recherches concernant les lésions axonales, et évoquaient une possible transplantation de cellules souches sur les cellules du cerveau. Je ne voulais entendre parler ni de leurs recherches ni de ce que les médecins avaient à dire. Je voulais juste que Cooper me raconte sa version de l'histoire, avec ou sans guérison à la clé. Je ne voulais pas entendre parler de leurs prédictions, de l'issue de tout cela, etc. De toute façon, toutes les prédictions étaient abominables.

Le lendemain de l'accident, dans la soirée, Patrick, mon jumeau, nous passa un coup de fil. Comme d'habitude, je dis à Mark que j'étais incapable de parler à quiconque, mais Patrick insista.

Je lui répondis avec réticence. Il me dit qu'il avait retrouvé ce jour-là une de ses amies, Rosemary Altea, pour déjeuner avec elle dans un restaurant new-yorkais. Elle l'avait senti perturbé et lui avait demandé ce qui n'allait pas. Patrick lui expliqua que son neveu Cooper s'était fait renverser par une voiture la veille au soir et se trouvait dans un état critique. Rosemary lui répondit à peu près en ces termes : « Je ne sais pas encore ce qui va arriver à Cooper. La décision est toujours en suspens. » Elle demanda à Patrick de la rappeler, disant qu'il fallait qu'elle me parle pour pouvoir aider Cooper. Patrick lui dit qu'à son avis je ne répondrais sans doute pas, parce que j'étais extrêmement réticente à m'entretenir avec des inconnus, même dans les meilleures circonstances, mais qu'en ce moment je ne voulais parler à personne. Rosemary dit à Patrick qu'il devait me convaincre de l'appeler, que c'était impératif pour la guérison de Cooper. Patrick me raconta tout cela et m'expliqua que Rosemary était médium et guérisseuse, et qu'elle avait des dons de voyance exceptionnels. Il me supplia de l'appeler. Il savait, me dit-il, à quel point ce serait difficile pour moi, mais il fallait que je le fasse, pour Cooper.

Je me rendis compte que je n'avais pas d'autre choix que d'appeler Rosemary. Je n'avais pas la moindre idée de ce que j'allais dire, mais je composai le numéro. Quand j'eus Rosemary en ligne, elle n'attendait pas de moi que je lui parle. Elle me fit d'abord gentiment la morale, disant que je devais m'engager fermement aux côtés des médecins de Cooper et plaider sa cause. Elle me dit ensuite que le bruit qui régnait dans la chambre de Cooper le rendait littéralement fou et que les bavardages et le bruit du téléphone devaient cesser. Elle ajouta que Cooper ne voulait autour de lui rien qui soit négatif. Elle me dit ensuite qu'il s'ennuyait à mourir et qu'il lui fallait quelques enregistrements de livres à écouter. Elle me demanda enfin de l'appeler chaque jour pour faire le point sur ce qui se passait du côté de Cooper. Elle ne m'avoua pas ce qu'elle avait dit à Patrick – que l'avenir de Cooper était incertain.

J'étais étonnée du nombre de choses que Rosemary savait à propos de la situation de Cooper et de la façon dont je l'affrontais – ou plutôt ne l'affrontais pas. Patrick n'aurait pas pu l'informer en détail de mon incapacité à entrer en contact avec les médecins de Cooper, ou des bavardages et du bruit perpétuels dans sa chambre, parce qu'il n'en savait rien. J'ai eu le sentiment que Rosemary était du même bord que l'ange gardien de Cooper et que, d'une manière inexpliquée, elle connaissait ses pensées et ses sentiments, alors qu'il était complètement inaccessible au reste d'entre nous. Je sortis instantanément de ma torpeur et je commençai à me plier aux desiderata de Rosemary. Je demandai au personnel de la salle de réanimation de ne passer aucun appel directement dans la chambre de Cooper. J'exigeai qu'il soit de règle qu'il n'y ait plus de bavardage en bruit de fond auprès de Cooper. Les gens pouvaient lui parler doucement, chacun à leur tour, et à lui seul, sauf si c'était d'une importance vitale. Chose surprenante, tout le monde – Mark,

Kurt, Rita, mes parents – s'y mit de bon cœur et personne ne contesta les diktats. Nous nous mîmes également tous d'accord pour ne permettre l'expression d'aucun commentaire négatif dans la chambre de Cooper quant à son pronostic. Plus tard dans la journée, mon mari Mark ouvrit pour Cooper un site Internet par l'intermédiaire de CaringBridge.org pour qu'on puisse s'informer de son état et écrire des messages. Nous mettions le site à jour quasi quotidiennement. Ma mère alla acheter des audio-livres et revint avec toute une série de titres de la collection « Lemony Snicket's A Series of Unfortunate Events » (*ou récits d'événements malencontreux*) – une collection à l'humour pince-sans-rire décrivant sur le mode de la dérision et avec un vocabulaire étonnant des séries d'événements malencontreux. Nous commençâmes à les faire écouter à Cooper et à les écouter nous-mêmes.

Je discutais presque chaque jour avec Rosemary de l'état de Cooper. Pendant très longtemps, je n'eus rien de positif à lui signaler. Sans faire la moindre prédiction, Rosemary instilla en moi un sentiment de calme : il ne s'agissait pas d'optimisme, mais d'un espace psychologique confortable dans lequel on pouvait attendre et voir ce qui se passait. Elle m'aida aussi à comprendre que tout n'était pas que noir et blanc pour Cooper, que tout n'était pas que solitude là où il se trouvait. Il n'était pas pris au piège. Il attendait son heure, en quelque sorte. Elle me transmit ce sentiment sans vraiment le verbaliser.

Pendant les premières semaines, il y eut des moments décourageants ; la tension intracrânienne de Cooper refusait de baisser, il ne parvint pas à respirer tout seul les deux fois où les médecins essayèrent de débrancher le respirateur ; il eut une pneumonie et, à la suite de cela, les mucosités n'arrêtaient pas de bloquer le respirateur. Un pic d'abattement me tomba dessus quand les médecins eurent l'air d'abandonner Cooper, lorsqu'ils lui firent une trachéotomie – un trou dans la trachée – à titre de ventilation « permanente » et qu'ils lui posèrent une sonde gastrique, à titre de mode « permanent » d'alimentation sous forme liquide. J'appris bien plus tard par Patrick que, détail ironique, c'est à peu près au même moment, et certainement au plus profond du désespoir pour moi, que Rosemary avait dit à Patrick : « Nous l'avons, notre miracle. Cooper va s'en sortir. » Trois semaines après l'accident, Cooper fut sevré de tous les puissants analgésiques et autres médicaments contrôlant une douleur qualifiée d'intense par les médecins, et on le transféra du service de soins intensifs au service de rééducation.

Au cours de ces premières semaines, il y eut aussi des aspects positifs. L'hôpital pour enfants de Denver venait d'entamer une étude concernant les fonctions physiques liées à la motricité au sens large comme sous un angle plus affiné, à l'ergonomie, aux fonctions langagières et cognitives, ainsi qu'à la rééducation musculaire de la bouche et de la gorge aux premiers stades – les plus aigus – d'un trauma cérébral sévère.

Les divers thérapeutes de Cooper vinrent quotidiennement faire à deux reprises une évaluation et travailler avec lui, dès le deuxième jour de son admission en soins intensifs. Bien que nous n'ayons pu constater le moindre changement, les thérapeutes continuèrent à faire travailler ses muscles, grands et petits, à stimuler l'intérieur de ses joues et de sa bouche, à plâtrer ses pieds pour que les tendons d'Achille ne soient pas définitivement raccourcis en raison de la position de tension extrême des orteils, qui est un problème récurrent en cas d'atteinte grave du cerveau, tout cela dans l'idée que Cooper aurait dans l'avenir besoin d'une efficacité maximale de toutes ces fonctions.

Dès son transfert dans le service de rééducation, ces femmes merveilleuses portèrent leurs soins lors d'une thérapie quasi ininterrompue, tout le jour durant. Cooper commença à ouvrir les yeux, mais selon les médecins, il ne s'agissait pas d'une réaction consciente, mais d'un simple réflexe lié aux cycles de veille et de sommeil. Cooper était toujours en état de coma profond. La règle, à l'hôpital, était de garder l'enfant en rééducation jusqu'à ce qu'il cesse de montrer des signes de progrès quotidiens. À ce moment-là, on rendait l'enfant, quel que soit son état, à sa famille, et c'était aux parents de bricoler une forme de thérapie. Les thérapeutes de Cooper travaillaient avec lui tous les jours, et à la fin de chaque journée ils nous disaient qu'il faisait encore des progrès. Nous vivions dans la peur de les entendre nous dire : « Cooper doit rentrer à la maison à présent. Bonne chance. » Nous avions vu le cas se produire pour d'autres enfants dans le même service que Cooper.

À l'étage réservé à la rééducation, une seule infirmière était préposée aux soins de Cooper et de cinq autres enfants. Mark, Rita, Kurt et moi organisâmes donc notre emploi du temps de sorte que l'un de nous soit toujours présent à ses côtés, pour changer ses couches, etc. Nous l'emmenions souvent en promenade, en fauteuil roulant, dans les jardins de l'hôpital, en dépit du fait qu'il n'arrivait pas à se redresser ou à tenir tout seul sa tête droite.

J'essayai de rester à l'abri de mon « cocon d'attente » le plus longtemps possible, tout en prenant vigoureusement la défense de Cooper en même temps. Des décisions cruciales liées à l'avenir durent être prises. Certaines étaient d'ordre technique : la construction de notre maison de Toledo était en cours, nous fîmes en sorte que les portes soient accessibles à une personne en fauteuil. D'autres étaient d'ordre personnel. Rosemary m'avait prévenue que j'allais avoir des problèmes avec Kurt, le papa de Cooper, à propos des soins à donner à notre fils et de l'implication de mon mari. Kurt n'avait jamais été directement témoin des liens très étroits et de la relation aimante qui s'étaient noués entre Mark et Cooper; il en fut profondément blessé, et réagit négativement. Rosemary me conseilla de me préparer à rester ferme sur mes positions en tant que parent légalement en charge de la garde de l'enfant.

L'une des questions les plus angoissantes concernant l'avenir de Cooper était de savoir ce que nous allions faire de lui une fois rentré de l'hôpital : comme par miracle, la question trouva facilement réponse. Nous commençâmes à débattre du sujet au bout d'environ sept semaines d'hospitalisation – il était alors toujours totalement dépourvu de toute réaction. Nous demandâmes aux médecins et aux thérapeutes ce qu'ils feraient si Cooper était leur propre enfant. Ils dirent qu'ils dénicheraient le meilleur programme de soins ambulatoires en pédiatrie du pays, et qu'ils l'y emmèneraient, quel qu'en soit le coût sur le plan personnel et financier. Il n'existait que deux ou trois centres dans tous les États-Unis. Mais heureusement, le meilleur se trouvait à l'université du Michigan à Ann Harbour (dans l'État de Michigan), à environ 70 km de Toledo (dans l'Ohio). Et, plus important encore, notre nouvelle assurance à l'université de Toledo était absolument hors pair, et couvrirait les frais de rééducation de Cooper dans ce centre de soins.

Pendant tout ce temps, je parlais régulièrement de Cooper à Rosemary. Elle ne me fit jamais la moindre prédiction concernant l'issue finale. Elle me conseillait au jour le jour. Le 4 juillet, mon moral était particulièrement bas. Des amis de Laramie étaient venus rendre visite à Cooper. Nous étions en train de le promener dans son fauteuil, et je lus clairement dans leurs pensées : « Le gamin est fichu. Il ne va jamais se remettre. » Plus tard, après leur départ, je passai un moment tranquille avec Cooper. Il était allongé dans son lit, les yeux clos. Des jouets, dont des petits moulins à vent, traînaient par-ci par-là dans l'hôpital en cette période de vacances. J'en saisis un et je jouai un peu avec, puis je le tendis au-dessus du visage de Cooper. Il souffla tout de suite dessus et fit tourner le moulin. Je sus à cet instant que Cooper revenait parmi nous. Il était là !

Au fil du week-end, je constatai que Cooper refaisait surface, imperceptiblement. On le sentait présent. Le matin du lundi 7 juillet, Cooper et moi étions assis tous les deux, prêts pour sa session de rééducation du langage. Comme chaque fois, l'orthophoniste commença par lui demander : « Cooper, qui est assis là à côté de toi ? » Cette fois-ci, Cooper formula les mots : « C'est ma maman. » C'était sa première réaction en écho à un stimulus depuis l'accident.

Après cela, Cooper se mit à faire des progrès très rapides et dépassant toutes nos attentes. Dès qu'une thérapie particulière était mise en place, dès qu'une marque de soutien s'exprimait, Cooper progressait au-delà du nécessaire. Au début, sa mémoire à court terme était complètement oblitérée : chaque fois qu'on lui disait qu'il était à l'hôpital, il demandait : « Qui est blessé ? » Mais il retrouva très vite la mémoire.

Au bout de quelques jours, il se remit à manger, à respirer, à marcher, à lire – tout seul. Soudain, le départ fut en vue !

Cooper était parfois dans un état de confusion ; il demandait, par exemple : « Pourquoi je n'arrive plus à attacher mes lacets ? Pourquoi je ne peux plus courir ? »... Il se fixa pour but de réapprendre à courir avant d'être rapatrié à la maison. Le 6 août, juste avant de quitter l'hôpital, il traversa le hall en courant.

La semaine suivante, Cooper entamait un programme très éprouvant à la clinique pédiatrique de l'université du Michigan, dans l'unité de rééducation neurologique. On nous avait prévenus que sa guérison risquait de ne pas dépasser un certain palier, mais ce ne fut pas le cas. Il retourna à l'école en février de l'année suivante et boucla dans les temps son cycle primaire. Un regard en arrière permet de constater que, dès l'instant de l'accident, Cooper a bénéficié d'une chance exceptionnelle à tous les stades de sa guérison. Les nombreuses marques individuelles d'attention de la providence qui ont émaillé le parcours de guérison de Cooper sont quasiment incroyables.

Aujourd'hui Cooper fait du ski, de l'escalade, du kayak, il étudie la chimie, l'initiation au calcul intégral et la médecine d'expédition. Les dernières évaluations neuropsychologiques indiquent que tous les déficits consécutifs à son trauma cérébral sont réglés, sauf sa « rapidité de traitement », qui accuse un déficit de dix pour cent ; dans tous les autres domaines cognitifs, il est au-dessus de la moyenne, et de façon très nette dans la plupart des cas. Le 30 mai 2010, huit ans après son grave accident, Cooper terminera sa scolarité au lycée avec des notes si brillantes que sa candidature a déjà été agréée par sept universités ou collèges d'enseignement supérieur différents [1] !

Mon frère Patrick m'a récemment demandé si j'avais un guide pour m'aider à piloter l'expé-

1. L'acceptation des dossiers d'inscription à l'université se fait sur la base des notes obtenues en terminale, confirmées par l'examen de fin d'année. *(N.d.T.)*

rience de Cooper, comme Rosemary avec son guide Aigle Gris. J'ai beaucoup réfléchi à cette question, et je suis persuadée que c'est Rosemary qui a été mon guide. Ses paroles ont été cruciales, mais l'aide la plus importante n'est pas passée par les mots. Je ne sais pas très bien comment cela fonctionne, mais je sais que Rosemary, elle, le sait, et je crois qu'elle a rencontré et connu Cooper à un niveau très profond et qu'elle a su me transférer une partie de ce savoir sur un mode non verbal.

J'ai simplement eu une forte intuition concernant Cooper et ses besoins dès l'instant où Rosemary a commencé à travailler avec lui. J'ai été très attentive à cette intuition pendant tout le processus, et même encore aujourd'hui, alors que d'autres ont pris leurs distances par rapport à la « crise ». Il m'est parfois arrivé de ne pas aimer les messages que m'envoie régulièrement cette intuition, mais je sais qu'ils sont toujours pertinents et que je dois agir en conséquence.

Les gens me demandent si Cooper est à cent pour cent en bonne santé aujourd'hui. Je crois honnêtement que, tout en étant un peu en dessous dans certains domaines, il est très au-dessus dans d'autres. La conséquence de cet accident, c'est que moi, je le connais... à cent vingt pour cent! Cooper est un jeune homme remarquablement résilient, doté d'une intelligence et d'un humour très vifs, ainsi que d'un vocabulaire fabuleux, et je crois qu'il doit tout cela à ces livres enregistrés qu'il a écoutés quand il était dans le coma.

J'ai récemment parlé à Rosemary, alors que nous n'avions pas été en contact depuis pas mal de temps, et pour la première fois elle a fait une prédiction concernant Cooper. Elle a dit : « Je n'ai absolument aucune inquiétude quant à l'avenir de Cooper. Une vie splendide s'offre à lui. »

La lettre de Maureen, lorsque je la relus, me ramena à cette affreuse période d'incertitude que sa famille et elle avaient traversée, et elle me rappela une fois de plus qu'il n'y a pas de coïncidences, et que les mystères de l'univers dépassent dans leur immensité ce que je serai jamais capable de comprendre.

Voici une partie de l'histoire de Cooper, vue de mon propre point de vue.

Le voyage fut facile, je me sentis partir en arrière, et en franchissant le sas j'eus le temps de me demander brièvement dans quel état j'allais le trouver. Il était petit, et paraissait encore plus petit, environné de tous ces appareils, bordé dans les draps blancs du lit d'hôpital où il était étendu, et mon cœur alla vers lui lorsque je vis combien il était fragile et fracassé.

C'est alors qu'il se mit à rire. « Je suis là », me dit-il, mais dès que je tournai mon regard vers le lit, je sus que le petit garçon n'était pas vraiment là : je sus que ce que je voyais n'était que son enveloppe corporelle, et que « lui » était ailleurs.

« Où es-tu ? », lui murmurai-je en réponse, m'efforçant de ne pas perturber le flux d'énergie présent, et alors, tout en l'entendant rire de ma confusion, je me sentis aspirée plus loin, toujours plus loin, jusqu'au lieu que Cooper avait choisi pour attendre.

Une fois dans ce lieu d'ombre, dans l'attente que quelque chose se produise, je sentis la main d'Aigle Gris se poser sur mon épaule, et je sus qu'il fallait s'attendre à une expérience différente des autres, hors du commun, et que j'avais intérêt à prêter grande attention à ce qui se passait.

« Il n'a pas encore décidé, expliqua mon guide. Il a le choix entre rester et poursuivre son existence humaine, ou s'en aller plus loin, mais il n'est pas encore sûr de savoir ce qu'il veut, donc nous devons être ici à sa disposition jusqu'à ce qu'il opte pour l'un ou l'autre choix. »

Dans n'importe quel autre lieu que celui-ci, je me serais sentie troublée par cette situation, car j'avais toujours cru comprendre que nous avions un temps pour naître et un temps pour aller dans le monde des esprits. L'idée que l'on puisse choisir son heure une fois venu sur terre était nouvelle pour moi... mais l'était-elle vraiment ? me demandai-je, en essayant de bien saisir cette idée. C'est alors que je me suis souvenue des autres que j'avais déjà croisés et qui étaient passés par le même processus. Ils n'étaient qu'une poignée, et pour une raison indéterminée, c'étaient apparemment des cas très spéciaux – mais effectivement, il y en avait d'autres, que j'avais rencontrés de la même manière.

« Est-ce que je peux le voir ? Est-ce que je peux lui parler ? », demandai-je à mon guide, et au moment même où je posais la question, et avant qu'Aigle Gris puisse verbaliser sa réponse,

Cooper apparut : le petit garçon était là, debout juste en face de moi, à courte distance, ayant l'air d'aller parfaitement bien ; son corps subtil, son corps spirituel était parfaitement intact.

Il rit un peu lorsque je lui fis un signe de la main, mais la sonorité de son rire était moins l'expression d'une joie que celle d'un plaisir incertain.

« Tu peux communiquer un petit peu avec lui, mais ton rôle ici est d'écouter : tu ne dois pas essayer de chercher à savoir ce qu'il veut faire, ou d'en avoir confirmation : tu ne dois l'influencer en aucune façon ; sois seulement attentive à ce qu'il a à te dire, et sois, quand tu le peux, un intermédiaire entre lui et sa mère », dit Aigle Gris, en me guidant au fil du processus.

Je hochai la tête en signe d'acquiescement, et comme je m'y attendais, un moment après, Cooper se mit à me parler.

« Il faut que tu parles à ma mère. J'ai besoin qu'elle comprenne qu'elle peut m'aider. Mais elle est si triste qu'elle a oublié son pouvoir, et si elle n'arrive pas à se servir de son pouvoir, alors je serai perdu pour elle. »

J'acquiesçai de nouveau, enregistrant en silence ce qu'avait dit le petit garçon, et le comprenant parfaitement. « Je vais essayer de le lui dire », répondis-je doucement, osant à peine respirer, de crainte, en quelque sorte, de perturber l'énergie, et très impressionnée par ce qui était en train de se passer.

« Il y a trop de bruit : il faut m'aider, il faut que tu sois là pour voir de quoi je parle », dit Cooper, et à l'instant même, je refis le voyage à l'envers jusqu'à la chambre d'hôpital où le petit garçon était allongé, immobile, sans un geste, comme mort, et je m'apprêtais à dire quelque chose à Aigle Gris, à lui demander si j'avais perdu l'enfant, quand un énorme bruit me fit sursauter au point de me faire presque bondir hors de mon corps : je pris alors conscience du vacarme ambiant.

Il y avait des gens partout, qui n'arrêtaient pas de parler fort; un va-et-vient perpétuel d'infirmières; des téléphones qui sonnaient, des appareils qui bipaient. L'intensité du bruit était telle qu'il me fallut un moment pour réaliser que tout cela, c'est ce qu'entendait Cooper : sa sensibilité aux bruits ambiants était due à ses blessures. Il était sorti de son corps, mais il restait toujours « présent » et, en raison de son état d'hypersensibilité, les bruits lui semblaient plus forts qu'à la plupart d'entre nous, et Cooper, accablé, n'était plus très sûr de ce qu'il voulait faire.

Je compris : « Je vais essayer d'arranger cela », dis-je à mon guide, espérant que Cooper pouvait m'entendre d'une manière ou d'une autre, et être rassuré.

La mère de Cooper finit par me contacter. La requête que j'avais faite à Patrick était très inhabituelle pour moi, car j'ai pour règle de ne jamais intervenir dans les problèmes des autres, sauf s'ils me demandent de l'aide, mais après cet échange avec Cooper et Aigle Gris, je savais que je devais trouver un moyen d'entrer en contact avec la mère de l'enfant, de lui faire savoir comment se sentait son fils, et comment elle pouvait l'aider.

Je lui répétai donc les paroles de Cooper, mais sans lui révéler le processus par lequel il avait décidé de passer, car j'aurais ainsi trahi la confiance du petit garçon. Pendant les dix-huit mois qui suivirent, Maureen et moi nous parlâmes presque quotidiennement, et je me retrouvai plus d'une fois en train de franchir le sas dans un sens et dans l'autre, pour rejoindre le lieu où se trouvait Cooper, et c'est ce qui me permit d'insuffler à Maureen nombre d'intuitions quant aux besoins de son fils. La conversation n'était parfois que de quelques minutes, mais souvent plus longue. Au fil du temps nos conversations s'espacèrent, mais nous restâmes en contact pendant un an ou deux, jusqu'à ce que mon rôle soit achevé et qu'ils n'aient plus besoin de moi.

Cooper mit du temps – plusieurs semaines, en fait, qui durent sembler une éternité à sa famille – avant de se décider à rester. Sa décision prise, il investit tout son savoir et toute son énergie dans son processus de guérison, et les résultats furent stupéfiants.

De nombreuses personnes ont prié pour qu'il guérisse ; les soins et l'attention de ses infirmières et de ses médecins ont été remarquables, et ils ont beaucoup contribué à l'aider. La guérison d'un patient n'est jamais l'œuvre d'une poignée de gens, mais repose sur l'action d'un grand nombre, que souvent l'on ne voit pas. Je n'ai moi-même jamais vu Cooper, je ne lui ai jamais parlé, sauf à ma manière à moi, et pourtant je le connais ; je connais son cœur et je connais son âme d'une façon qui restera inaccessible à beaucoup – et oui, bien sûr, j'ai eu la capacité, avec l'aide de mon guide, de favoriser le processus de guérison de ce petit garçon, de lui donner ce dont il avait besoin au moment où il en avait le plus besoin : j'ai eu cette capacité de lui donner sa mère.

Mais c'est lui qui a décidé ; lui qui a fait le choix de rester ; lui qui a inspiré tant de gens, et à présent, grâce à ce partage de son histoire, il en inspirera beaucoup d'autres. C'est vraiment cela, le miracle de Cooper, et je suis reconnaissante d'y avoir modestement participé.

2

Des histoires de chiots

L'une des expériences les plus mémorables et les plus émouvantes que j'aie vécues ces dernières années concerne Cachorro, mon petit épagneul blond de deux ans, que m'offrit Fred Bailey, un très bon ami qui est un éleveur et un dresseur de chiens remarquable.

Cachorro ne fut pas un cadeau bienvenu, je dois l'admettre : j'avais déjà deux chiens, Nino, mon merveilleux labrador chocolat, et Feather, mon petit épagneul noir, indiscipliné mais adorable, et l'idée d'un troisième chien… bref, c'était un peu trop. En outre, quand Fred me dit qu'il avait un cadeau pour moi, un petit chiot de huit semaines, je crus à une plaisanterie, dont il était coutumier. Je me mis donc à rire et lui demandai ce qui clochait chez son chiot pour qu'il n'arrive pas à le vendre.

Fred est un éleveur de chiens de classe internationale, et il a remporté de nombreuses médailles, et donc l'idée qu'il puisse donner en cadeau un chiot de race, une petite bête à concours très coûteuse, n'arrivait pas à m'entrer dans la tête. Pourquoi Fred aurait-il fait cela ?

Je dois vous dire, avant de poursuivre mon histoire, que Fred et sa femme Alex ont suivi autrefois un de mes cours, en tant qu'aspirants guérisseurs. Fred est quelqu'un de très drôle, et aussi très sensible et très intuitif, et c'est, j'en suis sûre, une des raisons de sa gentillesse avec ses chiens, et c'est un bon guérisseur spontané, un guérisseur d'animaux. Lorsqu'il travaille sur le terrain, au dressage des chiens, on ne peut pas faire autrement que de remarquer son intuition et sa proximité avec les animaux et leur nature instinctive. Fred est aussi l'un de mes meilleurs amis.

— J'ai exactement le chiot qu'il te faut, dit Fred un jour où je passais chez lui.

— C'est très gentil à toi, mais non, merci, Fred, répondis-je, prenant cela pour une blague de sa part.

— Je suis sérieux, Rosemary. J'ai un chien pour toi, je vais te le faire voir.

Croyant toujours qu'il s'agissait une fois de plus d'une de ces blagues stupides, je lui demandai en riant :

— Qu'est-ce qui ne va pas chez ce chien ?

— Rosemary, je suis vraiment sérieux. Ce chien t'appartient : il faut que tu l'emmènes, et en voyant l'expression du visage de Fred, je vis qu'il était en effet très, très sérieux, surtout quand je lui dis :

— Mais de quoi veux-tu parler au juste ?

Fred m'expliqua qu'il avait une portée de petits chiots, des épagneuls, une portée de quatre, deux mâles et deux femelles, âgés de presque huit semaines. Tous les chiots étaient déjà réservés, ce qui est généralement le cas pour les chiens de Fred. Bien qu'il vende ses chiots au prix qui lui chante, il se renseigne toujours sur les gens à qui il les vend et s'assure que les futurs maîtres soient attentifs et fiables, et que tous les chiots soient bien traités là où ils iront.

Nous entrâmes dans la cuisine de Fred pour faire du thé ; j'attendis, sachant que Fred avait une histoire à raconter, et il ne tarda pas à s'expliquer.

« Quand les chiots sont nés, Alex et moi les avons examinés, comme d'habitude, et ils étaient tous normaux, en bonne santé, serrés les uns contre les autres pour avoir chaud, et ils se sont tout de suite mis à téter, nous les avons donc laissés en pleine action, et comme c'est Alex qui s'occupe spécifiquement des chiots, je ne suis retourné les voir que le lendemain.

Je restai un moment assis à les regarder, satisfait de constater que bien qu'âgés de deux jours seulement, ils étaient alertes et actifs : ils faisaient plaisir à voir.

Deux jours plus tard, étant revenu les voir afin d'évaluer leurs progrès, je remarquai que trois d'entre eux jouaient ensemble, restant à proximité les uns des autres, alors que l'un des mâles semblait préférer rester dans un coin de la cage, alors que c'était l'heure de la tétée. Ce comportement, très inhabituel chez de tout jeunes chiots, attira mon attention. C'est alors que j'entendis une voix dire : « Rosemary » – c'est là que j'ai entendu la voix pour la première fois. » Fred s'interrompit ; il avait bel et bien capté mon attention à présent, et je me demandais ce qui allait suivre. Je savais que Fred était un homme ayant les pieds sur terre, comme c'est généralement le cas pour les éleveurs d'animaux, et je savais qu'il n'était pas sujet aux délires et aux caprices de l'imagination.

« Rosemary, j'ai entendu la voix dire ton nom. J'ai entendu le mot Rosemary ! Je t'assure, la voix était si claire, et il n'y avait pas le moindre doute quant à ce qui m'était dit, mais pourtant, c'était si étrange, si insolite, que je passai outre… jusqu'à la fois suivante. C'était une ou deux semaines plus tard, j'étais de nouveau en train de regarder jouer les chiots. Trois d'entre eux chahutaient, culbutant les uns sur les autres et se mordillant réciproquement les oreilles et la queue, et le quatrième jouait un moment avec eux, puis s'en allait à l'autre bout de la cage et s'y allongeait, tout seul. J'entendis alors de nouveau la voix, mais cette fois-ci elle était plus forte elle ne résonnait pas seulement dans ma tête, mais semblait venir d'un endroit situé sur le côté.

« Rosemary, Rosemary, l'entendis-je dire, et en regardant le petit chiot dans le coin, je savais avec certitude qu'on me disait qu'il t'était destiné. »

C'était une étrange histoire, mais je suis sûre que vous avez forcément compris à présent que ma vie est pleine d'histoires étranges – en fait ma vie elle-même est une histoire étrange ! En écoutant le récit de Fred, je savais que je devais voir le petit chiot, et me faire ma propre idée ; mais… alors que je ne désirais aucunement avoir un autre chien dans ma vie, je savais que si je voyais le chiot, je risquais d'être tentée de le prendre. J'avais déjà deux chiens et j'avais décidé, après la mort de ma belle Rosie, un épagneul breton, que je ne voulais pas revivre la même chose avec des animaux autres que les deux qui me restaient ; c'était tout simplement trop douloureux de les voir mourir.

Avec quelque réticence, j'allai en compagnie de Fred voir la portée d'épagneuls dont il m'avait parlé, et en les voyant tous les quatre, aucun ne me frappa particulièrement ; je demandai donc à Fred lequel c'était. Il tendit la main et sortit de la cage un des petits chiots qui gigotait et me le tendit. Bien sûr, il était mignon, doux à toucher, il se tortillait dans mes bras, mais je n'avais pas l'impression qu'il m'appartenait, aucun instinct ne me disait qu'il avait quelque chose de spécial, et soulagée de ne rien ressentir, pas même un petit pincement au cœur, je n'eus aucun mal à rendre le chiot à Fred – à qui je redis : « Merci, mais c'est non. »

L'histoire aurait dû s'arrêter là, et pourtant non.

Je repartis chez moi en voiture plus tard dans l'après-midi, et pendant le trajet – un trajet de deux heures et demie – je commençai sans raison apparente à m'attarder sur l'histoire que m'avait racontée Fred au sujet de la voix qu'il avait entendue. Fred est un homme très terre à terre, ayant le sens pratique, et l'imagination n'est pas son fort, je me demandais donc si je n'aurais pas dû le prendre plus au sérieux. Et en y réfléchissant, je me demandai aussi pourquoi j'avais délibérément ignoré le fait que c'est quelqu'un de très intuitif, que j'écoute toujours en principe, et une idée en amenant une autre, je me lançai dans les : « et si… ? » Et si le chiot m'était destiné ? Et si, pour une raison inconnue, quelque chose m'avait échappé lorsque je le tenais entre les mains ? Et si je n'avais pas été assez attentive ?

Pendant les quelques jours qui suivirent, l'idée du chiot et les « et si… ? » jouèrent au ping-pong dans mon esprit, et j'arrivais à la conclusion qu'un autre chien serait trop envahissant pour moi, pour retomber l'instant d'après dans les « et si… ? ». Chaque fois que je demandais à Aigle Gris de m'aider, de donner son opinion, il me disait simplement de résoudre le problème toute seule, et il ne m'était d'aucune aide.

La vérité, c'est que je ne voulais pas d'autre chien – alors comment se faisait-il que toute cette histoire me pose problème ?

Le week-end suivant approchait, et un matin, presque une semaine après avoir vu Fred, je pris le téléphone et j'appelai, pour savoir si Alex et Fred allaient être sur place plus tard dans l'après-midi.

« Tu viens pour le chiot ? », demanda Alex, toute contente, et je répondis non un tout petit peu trop vite. Je n'avais pas encore pris de décision… c'est en tout cas ce que je me disais en parcourant les deux heures et demie de trajet qui nous séparait.

Fred n'avait pas perdu de temps, et dès que je remontai l'allée menant à leur maison, il vint à ma rencontre, tenant le chiot dans ses bras.

— Je te l'avais bien dit : il t'appartient, me dit-il, en me tendant le minuscule petit chien, et quand je l'eus calé dans le creux de mon cou, je sus que Fred avait raison ; de gré ou de force, peu importe mais c'est un vrai miracle qui venait de m'être offert en cadeau.

3

Cachorro le guérisseur

Dès la décision prise de garder le chiot, je commençai à être attentive au fait qu'il puisse être « différent » et je me demandai quelle était la finalité de sa présence dans ma vie. La réponse ne se fit pas attendre, car peu après que Cachorro soit devenu un membre de la famille, je fus affectée par un événement terrible et destructeur, qui faillit briser ma vie et anéantir tout ce à quoi je tenais. Il me devint impossible de travailler, ce qui fut l'une des choses les plus affreuses de toutes, et je passai des heures et des heures, jour après jour, à essayer de surmonter ce terrible désastre. L'unique petit réconfort que j'avais à l'époque me venait de mes chiots, et particulièrement de Cachorro, car il semblait avoir une sensibilité exceptionnelle à ma souffrance. Nino et Feather sentaient eux aussi que quelque chose de mauvais était en train d'arriver, et Nino en particulier ne me lâchait pas ; mais quand je tenais Cachorro dans mes bras, et bien que ce soit difficile à expliquer, on aurait dit que c'était lui qui m'étreignait, me consolait, m'apportait quelque chose, et j'avais l'impression qu'il me guérissait.

Je commençai à le chercher et à le serrer contre moi chaque fois que j'avais l'impression d'être incapable de continuer ; je commençai à compter sur lui autant qu'il comptait sur moi; je commençai à prendre conscience de son énergie et à réaliser que c'était peut-être mon propre guérisseur qui m'avait été donné sous la forme de Cachorro, pour m'aider à me sortir de la terrible situation dans laquelle je me trouvais. Et au bout de quelque temps, je commençai, lentement, à guérir.

Une année s'écoula ; j'avais repris le travail, bien que n'étant pas complètement guérie et j'avais accepté l'idée que je ne me remettrais probablement jamais totalement de mon épreuve, mais j'étais tout de même plus forte ; plus forte dans ma résolution de regarder en direction des horizons positifs et d'essayer d'affronter et de régler les choses négatives d'une manière positive. Cachorro était l'un de mes pôles positifs, il était mon guérisseur, mon « petiot » ; de même que Nino était mon « grand petiot » et Feather ma « petiote ». Ils étaient mes horizons positifs, mes compagnons fidèles et constants, ma grâce salvatrice.

Le premier événement où Cachorro m'accompagna était organisé dans une petite ville de l'extrême nord des États-Unis, très branchée sur tout ce qui touche à la médiumnité. On m'avait fait venir à titre d'intervenant principal, et j'étais très heureuse de m'y rendre car j'avais beaucoup entendu parler de la ville et de sa réputation.

J'avais décidé d'emmener Cachorro avec moi, car à ce moment-là, j'avais commencé à travailler avec lui, à le « former » un peu, comme je l'aurais fait pour mes étudiants, et j'avais déjà le sentiment qu'il était connecté à moi en tant que guérisseur personnel, comme je le serais vis-à-vis de l'un de mes patients. Étant donné que je n'avais pas retrouvé le maximum de ma forme, et que j'avais encore quelques problèmes, je pensais que ce serait bien de l'emmener avec moi pour être mon « chien guide » – ce qu'il était devenu.

Tandis qu'il se promenait en ville en ma compagnie, les nombreuses personnes qui étaient venues me voir et travailler avec moi voulaient interrompre la promenade pour le caresser; Cachorro est une petite créature si merveilleuse qu'il ne fut pas du tout surpris, mais ma réaction à toutes ces demandes interloqua mes interlocuteurs. « Désolée, mais il est actuellement en cours d'entraînement », expliquai-je.

« En cours d'entraînement » signifie littéralement une absence de distractions; exactement comme pour mes élèves guérisseurs; quand ils sont en train de travailler, les distractions sont exclues, et Cachorro, en tant qu'apprenti guérisseur, combla toutes mes attentes, et même au-delà. Il se comporta comme un vrai professionnel, constamment attentif à moi et à sa tâche en tant que chien-guide, et content de participer au déroulement des événements, à croire qu'il faisait cela depuis toujours… !

Ce fut un excellent week-end pour tout le monde et je rentrai chez moi dans les jours suivants, satisfaite des progrès que j'avais accomplis, et très fière de mon petit compagnon.

Quelques semaines plus tard, je descendis à l'Institut Edgar Casey, une fois de plus à titre d'invitée d'honneur, et j'emmenai de nouveau mon petit chien avec moi. Cachorro était entre-temps devenu un intervenant expérimenté, et sa conduite fut exemplaire. Tous, dans l'auditoire, étaient captivés par l'idée qu'il soit possible d'« entraîner » un animal à effectuer des guérisons, et comme je leur montrais quelques petits exercices qu'ils pouvaient essayer avec leurs propres animaux, en utilisant Cachorro comme exemple, mon « chien-guide » joua son rôle à la perfection, son étroite connexion avec moi faisant l'étonnement de tous les témoins.

Ma prestation suivante devait avoir lieu dans le New Hampshire et je devais prendre la parole au cours d'une session en soirée, organisée cette fois-ci dans la salle de conférences d'un des hôtels locaux. Le trajet en voiture était de courte durée – un peu plus de trois heures – et je décidai de nouveau de prendre Cachorro avec moi.

Un ou deux jours avant la date prévue, l'organisatrice m'appela pour savoir si je ferais quelques consultations pendant mon séjour, je répondis que non, car il n'y aurait pas assez de temps pour cela, mais je lui demandai pourquoi elle me posait cette question.

« Eh bien, une femme a appelé, sachant que vous veniez, et m'a demandé si vous voudriez bien intervenir auprès d'elle en tant que guérisseuse. Elle est très malade et, le lendemain de la soirée où vous intervenez, elle entre à l'hôpital pour l'ablation d'un sein. Elle a dit qu'elle était prête à payer, et semble avoir désespérément besoin de vous voir. »

Je savais que si j'acceptais de voir cette femme, cela impliquait de partir pour le New Hampshire au moins deux heures plus tôt que prévu, mais je savais aussi que si j'avais une chance de pouvoir l'aider, je le ferais.

Expliquant que nous ne faisions jamais payer pour tout ce qui touche à la guérison, et ayant fixé le rendez-vous dans le salon de l'hôtel deux heures avant la conférence, et modifié le reste de mon emploi du temps, j'inscrivis le nom de cette femme dans le livre des guérisons, espérant que tout se passerait comme prévu.

Mes amies Kris et Anna étaient du voyage avec moi ; Kris est guérisseuse – c'est une de mes étudiantes – et j'ai rencontré Anna à l'occasion d'une terrible tragédie qu'elle a vécue voici quelques années. Elles voulaient toutes les deux me voir à l'œuvre et avaient proposé de me tenir compagnie pendant mon séjour.

Le salon de l'hôtel était immense, et dans ce vaste espace étaient disséminés dans tous les coins de grands canapés confortables. Dès ma rencontre avec ma patiente – appelons-la Linda – nous filâmes tout de suite nous installer sur les canapés les plus isolés.

Linda prit place à ma gauche et Anna à ma droite, tandis que le mari de Linda s'installait avec Kris sur le canapé d'en face. J'écoutai ma nouvelle patiente commencer à décrire sa tumeur, une tumeur si volumineuse que le chirurgien lui avait dit n'avoir pas d'autre choix que de procéder à l'ablation totale du sein. Au cours de son récit, Linda expliqua qu'elle ne s'attendait pas à ce que les soins d'un guérisseur fassent disparaître la tumeur, mais qu'ils l'aident à affronter l'intervention chirurgicale et ses suites.

En commençant à lui expliquer ce qu'était la pratique du guérisseur et comment cela fonctionnait, je pris les mains de Linda et lui expliquai que je ferais sur elle une imposition des mains durant mon intervention, tout en appelant à l'aide Dieu et son énergie de guérison pour ma patiente. Pendant que je parlais à Linda et à son mari, Cachorro était tranquillement assis près de moi, l'air indifférent... jusqu'à ce que mon intervention commence. Au moment où je changeai de position pour pouvoir imposer les mains sur Linda plus facilement, Cachorro leva la tête et me regarda.

« Linda, dis-je doucement en tenant ses mains dans les miennes, cela vous dérangerait-il si je demandais à Cachorro de contribuer à votre guérison ?

— Oh, non, répondit ma patiente, j'adore les chiens, cela ne me dérange pas du tout. »

Je fis signe à Cachorro, qui sauta sur le canapé et se coucha entre nous deux, sa tête sur mes genoux, ses yeux dans les miens. Je me tournai alors vers Linda, posai doucement mes mains sur elle, et tout en récitant la prière de guérison, je commençai ; au bout d'une minute ou deux, Cachorro se mit sur le dos, étendit les pattes, et posa fermement sa patte droite sur le sein de Linda, juste à l'endroit de la tumeur.

Je vis avec stupéfaction mon petit chien entrer en connexion avec Linda, avec son énergie, et le contact se fit d'une manière si facile, si naturelle, et en si parfaite harmonie avec l'énergie et les besoins de ma patiente et aussi avec mon énergie... Il n'y avait aucun doute : mon petit chien avait progressé au-delà de tout ce que j'avais pu imaginer ou espérer.

Nous restâmes tous les trois dans cette position pendant dix minutes environ, et je percevais l'aide que nous envoyaient aussi Kris et Anna, grâce à leurs prières de guérison, et finalement, sachant que cela suffisait, je mis fin à la séance. Lorsque je retirai mes mains, Cachorro, voyant que son rôle était terminé, reprit sa position allongée sur le flanc, la tête sur mes genoux, ferma les yeux et parut s'endormir.

Linda était dans un état de grande relaxation – yeux clos, respiration profonde – et j'attendis un petit peu, jusqu'à ce qu'elle ouvre enfin les yeux en souriant. Des larmes muettes coulaient sur ses joues, mais son sourire me dit que tout allait bien.

« C'était stupéfiant », murmura Linda quelques instants plus tard, et elle se tourna vers Cachorro pour le caresser et le remercier.

« Je sais que cela peut sembler bizarre, dit-elle, mais j'ai vraiment perçu l'énergie de Cachorro, et la vôtre aussi, Rosemary; on aurait dit qu'elle coulait à travers moi, et atteignait chaque partie de mon être. » Tout en parlant, elle continuait à caresser Cachorro ; il la laissa faire un moment, puis lui adressa un regard détaché et se pelotonna contre moi, me signalant par là qu'il en avait terminé pour la journée, ou en tout cas pour le moment, en matière de guérison. Et ce fut la fin de la séance ; une soirée de travail m'attendait encore – ainsi que mon public – sans parler du long trajet de retour en voiture. Linda promit de me tenir au courant du déroulement de son séjour à l'hôpital ; elle me dit qu'elle s'attendait à y rester au moins une semaine, et après nous avoir tous serrés dans ses bras pour nous remercier, elle entra dans la salle de conférences pour m'attendre, et je sortis Cachorro pour une petite promenade.

Cela faisait du bien de se dégourdir les jambes, mais ce qui était encore meilleur, c'était de voir mon petit compagnon se révéler en tant que guérisseur, et en rentrant à l'hôtel, à l'instant d'être confrontée à l'auditoire qui m'attendait, je songeais encore à cette intuition, cette sensibilité incroyables dont nos animaux familiers peuvent faire preuve. Ils sont un véritable miracle.

Deux jours passèrent avant que je n'aie un coup de fil, et je fus surprise d'entendre la voix de Linda.

« Je suis sortie, je suis sortie de l'hôpital.

— Comment ! répondis-je. Pourquoi êtes-vous sortie si vite ? Qu'est-il arrivé ? »

Linda se mit à pleurer, je croyais qu'elle allait m'annoncer de mauvaises nouvelles.

« On m'a fait un scanner avant l'opération, sanglota-t-elle, et la tumeur avait régressé, Rosemary. Elle avait tellement régressé qu'ils l'ont juste ôtée, m'ont recousue et renvoyée chez moi. Je n'arrive pas à y croire ! Mon mari n'arrive pas à y croire. Le dernier scanner remontait à une quinzaine de jours, ils savaient que l'ablation du sein était inévitable. Mais la tumeur a pratiquement disparu, juste comme ça. Ils disent que je n'ai rien à craindre – aucun soupçon de malignité, et, Rosemary, je vais garder mon sein. »

J'étais ravie et heureuse pour Linda. Elle l'avait eu, son miracle – et quel merveilleux miracle !

« Merci, merci, Rosemary, je sais que c'est grâce à la séance de guérison, dit Linda, je le sais, c'est tout… je sais que c'est grâce à vous ; je sais que c'est grâce à Dieu, mais je sais que c'est Cachorro qui a fait toute la différence. »

4

Un miracle de la foi tout à fait stupéfiant

L'auditoire était nombreux, et la salle bourdonnait d'excitation lorsque j'y pénétrai pour gagner la scène. Nous étions dans une localité du nom de Lily Dale, et j'étais venue en tant qu'invitée d'honneur pour animer une série d'événements prévus pour le week-end.

C'était ma première intervention dans ces lieux, je ne savais pas trop à quoi m'attendre, mais les organisateurs étaient charmants et avaient fait du bon travail, et les participants étaient parfaitement au fait des interrogations concernant la vie après la mort – et quant à moi aussi. J'étais prête à commencer, l'atmosphère était électrique, et je savais que nous allions tous passer d'excellents moments.

D'emblée, un flot de messages arriva : on aurait dit que ceux du monde des esprits faisaient la queue, chacun attendant son tour, et que, leur tour venu, ils profitaient au maximum du temps qui leur était offert. Chaque fois qu'un message me parvenait, l'énergie passait de façon fluide et régulière et c'est à peine si j'avais l'impression d'être en train de travailler.

Nous étions arrivées à Lily Dale la veille au soir, car le trajet était long – plusieurs heures de voiture –, trop long pour effectuer le même jour et le voyage et l'atelier prévu sur toute une journée. Mon amie Kris et une autre amie, Kay, qui était venue d'Angleterre passer un mois chez moi dans le Vermont, m'accompagnaient, et j'avais prévu de retrouver une autre amie, Karen, ainsi que sa mère et sa belle-mère, une fois sur place. Karen et sa famille étaient arrivées de Toronto, au Canada, qui n'était qu'à une heure et demie de voiture, et la perspective de cet atelier nous enthousiasmait fort.

En déambulant dans les rues de Lily Dale ce premier soir, en explorant le petit village, nous avions croisé beaucoup de gens, tous chaleureux et souriants. Certains m'avaient reconnue, d'autres pas, mais la plupart faisaient un signe de tête et disaient « hello » en nous croisant.

Au bout d'un moment, nous trouvâmes un petit restaurant où dîner. Bien que n'ayant pas l'intention d'espionner nos voisins de table, il semblait, d'après les conversations alentour, que la plupart d'entre eux étaient venus pour participer à l'atelier, et il y avait sans conteste de l'excitation dans l'air. Attablées en face de nous, il y avait, en particulier, deux jeunes femmes dont il était impossible d'ignorer la conversation. L'une des deux pleurait en racontant à son amie que sa mère lui manquait désespérément, et leur table était si près de la nôtre que nous ne pouvions faire autrement que de l'entendre exprimer son vif espoir de recevoir un message de sa part.

Tandis que son amie essayait de la consoler, j'avais de plus en plus de mal à rester silencieuse, d'autant plus que je voyais sa mère, debout à ses côtés, me regardant de l'autre côté de la table, comme pour dire : « Faites quelque chose ! » C'est donc ce que je fis.

Sans même songer à me présenter, je fis signe aux jeunes femmes de venir se joindre à nous. « Je n'ai pas pu m'empêcher d'entendre votre conversation, dis-je, et je vois votre maman debout là à vos côtés, dans l'espoir d'avoir une chance de vous parler. »

Ahuries et un peu confuses, les deux femmes levèrent les yeux, ne sachant pas très bien que faire ou comment réagir, et je me rendis compte qu'elles me prenaient sans doute pour une de ces cinglées qui prétendent voir les « morts ».

Je déclinai tout de suite mon identité, et lorsqu'elles entendirent mon nom, je crus un instant que la jeune femme qui avait perdu sa mère allait s'évanouir.

« Mais nous venons vous voir demain », dit-elle en rougissant un peu, tandis que le torrent de larmes redoublait sur ses joues.

« Eh bien, me voici, dis-je en riant en prenant ses mains dans les miennes, votre mère aussi est là, donc si vous le désirez, nous pouvons lui parler dès à présent. »

Pendant la demi-heure qui suivit, nous restâmes dans le restaurant quasi désert et je parvins à mettre en contact la jeune femme et sa maman, qui lui donna, par mon intermédiaire, message sur message, preuve sur preuve qu'elle avait survécu à la mort, et c'était merveilleux. Il y eut, comme vous pouvez l'imaginer, beaucoup de larmes, mais à la fin de la communication, c'étaient des larmes de rire, des larmes de joie ; et quand tout le monde quitta finalement le restaurant sur des souhaits de bonne nuit, j'étais parfaitement satisfaite, sachant qu'au moins une jeune femme s'était vu accorder le miracle tant espéré et irait se coucher ce soir-là avec la certitude que sa mère était toujours à ses côtés.

Plus tard, mes amies et moi regagnâmes la petite pension de famille où nous faisions étape, pour investir nos chambres respectives et plonger sans plus attendre dans le sommeil. La journée avait été longue, et je savais que j'aurais besoin de rassembler le maximum d'énergie possible pour le lendemain.

Je me réveillai tôt le matin suivant, fraîche et prête à affronter la longue journée qui m'attendait. Un atelier d'une journée peut être très stimulant mais aussi très fatigant, et j'étais impatiente de commencer. Mais il fallait d'abord que je mange. Karen et Kay vinrent me rejoindre pour aller à la cafétéria, distante d'environ un quart d'heure à pied, et en chemin je fus surprise du nombre de personnes présentes dans cette ville, certes pittoresque, mais petite.

Une fois de plus, le lieu était bondé, mais la mère de Karen et sa belle-mère nous avaient gardé une table, et en mangeant nos œufs sur le plat et nos toasts, nous élaborâmes, toutes les six, une stratégie. Les organisateurs de l'événement m'avaient demandé de bien vouloir apporter mes livres et mes CD à vendre, et Kris, Karen et sa mère se chargeraient de tout cela, me laissant libre de mes mouvements ; Kay et Karen se rendraient utiles là où cela se révélerait nécessaire.

L'atelier suivait son cours, et le temps passait très vite. Jusque-là, il y avait eu des messages d'enfants à destination de leurs parents, de leurs grands-mères et grands-pères, de leurs frères et sœurs, de leurs amis, pères et mères et parents de toutes sortes. Les questions de l'auditoire allaient de la réincarnation aux anges, aux guides et aux signes du monde des esprits, en passant par l'idée que je me fais du monde des esprits, et bien d'autres choses encore.

Je faisais la navette à travers le temps, franchissant alternativement le sas dans les deux sens, voyageant entre deux mondes, et à travers le passé, pour revenir ensuite au présent, en voyant, en ressentant, en étant témoin du chagrin, puis de la joie, chaque fois qu'Aigle Gris réunissait de nouveau les familles.

Une mère, caressant les cheveux de sa fille tandis qu'elle raconte comment elle est morte d'un cancer, dit à quel point elle aime encore sa fille.

Un père, les mains posées sur les épaules de son fils, explique d'abord comment il est mort, de façon très douloureuse mais rapide, d'un cancer du poumon. Ensuite, signalant à son fils par une petite preuve qu'il a vu son bébé nouveau-né – un garçon –, il affirme avoir survécu à la mort.

Un frère, mis en contact avec sa sœur après être « mort » dans un accident de moto, lui demande de dire à leurs parents qu'il va bien, et il rit en lui disant qu'il l'a vue ce matin même en train de se couper les cheveux devant la glace, s'efforçant d'égaliser ses boucles.

Une grand-mère est enfin à même de parler à sa fille, à sa petite-fille et à son petit-fils, tous présents dans le public, tous en attente d'un message, et qui sourient lorsqu'elle évoque son gâteau au chocolat sans égal, et les vieilles recettes de famille, ainsi que les livres de cuisine fatigués par l'usage, qu'elle leur a laissés.

Une petite fille, qui s'amuse à danser autour de son papa et de sa maman, raconte qu'elle a été très malade, puis est morte d'une maladie très rare, et veut que ses parents sachent qu'elle était assise entre eux pendant l'atelier, et leur tenait la main. Elle est toujours avec eux, dit-elle en m'adressant un petit rire, et elle partage leur vie tout en vivant la sienne – et son message est simple : « Maman, papa, je vous aime. »

Sous la direction d'Aigle Gris, qui décide toujours quels messages transmettre et à quelles questions répondre, l'atelier se poursuivit sans désemparer jusqu'à la pause du déjeuner, qui fut la bienvenue pour nous tous. Ma règle habituelle au cours de ces ateliers est de n'autoriser personne à me parler pendant les pauses. Il y a deux raisons à cela. L'une, c'est que j'ai vraiment besoin de me recentrer et de me remettre en position favorable pour la session suivante ; l'autre, c'est que j'ai toujours l'impression que si je parle à des gens, que j'écoute leur histoire, il m'est ensuite plus difficile de venir à eux avec un message. Je sais que dans de nombreux ateliers, des sceptiques sont présents, et s'ils me voient parler à quelqu'un et lui transmettre un message ensuite, je leur donne ainsi une raison de douter de mon intégrité. Donc, lorsque je fus abordée par une femme qui, de toute évidence, voulait me parler, je fus moi-même surprise d'être disposée à lui accorder un peu de temps. J'écoutai son histoire l'espace de quelques minutes, et tout en commençant à comprendre pourquoi je ne l'avais pas éconduite, je lui demandai si elle était d'accord pour raconter le reste de son histoire à toute l'assemblée, à la reprise de l'atelier après la pause.

« J'aimerais beaucoup que vous fassiez partager votre histoire à l'auditoire », dis-je, et elle accepta de bonne grâce, soulagée de m'avoir enfin parlé.

S'étant saisie d'un micro, elle dit qu'elle s'appelait Jane, et ce ne fut pas tant son histoire à elle que celle de sa mère qu'elle raconta à l'auditoire qui, après que j'ai expliqué que Jane avait quelque chose d'extraordinaire à partager avec nous, était très attentif.

« Au cours de son adolescence, ma mère avait contracté une tuberculose très grave, et c'était à cette époque-là une maladie préoccupante. L'un de ses poumons fit un collapsus et, en essayant d'y remédier, les médecins incisèrent le poumon, qui se vida de son sang. Sa maladie était désormais chronique, on lui ôta trois côtes et le poumon restant était endommagé. Suite à l'intervention chirurgicale, ses organes bougèrent, plus rien n'était à sa place normale et une scoliose apparut au niveau de sa colonne vertébrale, exerçant une pression accrue sur le poumon restant et sur le cœur ; la colonne vertébrale commença à s'affaisser, et toute sa vie elle dut faire d'énormes efforts pour pouvoir respirer. Cela ne l'empêcha pas de se marier et d'avoir trois enfants, et de mener une vie aussi normale que possible, et très heureuse.

Des années plus tard, aux alentours de 1998, elle séjournait chez des amis et au cours d'une nuit, se dirigeant vers ce qu'elle croyait être la salle de bains, elle ouvrit par erreur la mauvaise porte, et dégringola de tout son long dans l'escalier qui menait au sous-sol. Elle fut grièvement blessée. Sa jambe était très abîmée et au-dessus du genou, l'os était en capilotade ; elle avait des blessures externes et internes à la tête, un bras écrasé et un poignet cassé, dit Jane, visiblement très émue à l'évocation de ce que sa mère avait subi. Elle est restée plusieurs mois dans une unité de soins intensifs, entre la vie et la mort ; en fait, elle est revenue d'entre les morts. Quand elle a commencé à aller mieux, on lui a dit qu'elle ne remarcherait jamais, mais deux ans après elle prouva aux médecins qu'ils avaient tort.

Pendant ce temps, parmi tous les autres soins qu'ils lui prodiguaient, les médecins avaient remis son poignet en état, mais il s'était consolidé dans une position anormale, de travers par rapport au bras. Mais cela, ce n'était rien vis-à-vis du reste, estimaient les médecins, et on laissa son poignet dans cet état pendant pas mal de temps. Finalement, elle se rétablit suffisamment pour qu'ils lui permettent de rentrer chez elle, en dépit du fait qu'elle était très faible et qu'elle avait besoin de soins constants. Au cours des mois qui suivirent – c'est-à-dire au moins un an et demi après l'accident – ma mère a fait des progrès lents mais réguliers, mais nous savions pourtant tous qu'elle resterait plus ou moins handicapée pour le reste de sa vie.

Son plus gros problème était son incapacité à se servir de sa main, qui était toute tordue : elle ne pouvait pas s'alimenter seule, cela rendait difficiles les tâches les plus simples, comme s'habiller, se laver, aller aux toilettes – ces petites choses qui nous semblent aller de soi exigeaient d'elle beaucoup d'efforts car sa main empêchait tout.

Finalement, après des mois de frustration, ma mère en eut assez et demanda aux médecins de régler le problème. Mais le chirurgien expliqua que ce n'était pas si facile. D'abord, il faudrait lui recasser le poignet, puis amputer la main et la remettre en place. Cette intervention dure environ deux heures, ce qui, dans des conditions normales, nécessite une anesthésie générale du patient – , d'après le chirurgien, ce n'était pas possible en raison de l'état de dégradation de son poumon et de la faiblesse de son cœur. L'anesthésiste refuserait l'intervention, disait-il. »

À ce stade de l'histoire, les yeux et les oreilles de tous étaient rivés sur Jane ; aucun d'entre nous n'avait la moindre idée de la direction que prenait cette histoire, ni ne savait quel pouvait être son lien avec le présent, ou avec ce qui se passait ici, mais cela importait peu. Nous étions tous avec Jane, nous ressentions sa douleur au fil de son récit, et celle de sa mère, et pour le moment, les autres personnes dans l'auditoire qui souffraient elles-mêmes firent abstraction de leurs propres besoins pour écouter l'histoire de Jane.

« Ma mère ne pouvait plus supporter d'envisager de vivre le reste de sa vie avec une main dans cet état, poursuivit Jane, l'angoisse la prenait, et elle savait qu'elle devait absolument faire quelque chose. »

C'est là que Jane s'écarta de son histoire pour nous dire que sa mère avait toujours été une de mes fans, qu'elle m'avait vue à la télévision, avait lu tous mes livres et écouté ma cassette de méditations enregistrées.

« Un jour, peu de temps après que j'eus parlé au chirurgien, ma mère me demanda de retrouver la cassette de Rosemary car elle voulait la réécouter. J'ai pensé que c'était une bonne idée : tout ce qui était susceptible de l'aider me semblait bon. Mais, dit Jane en souriant, je ne m'attendais pas à ce qui allait survenir. Lors de la visite suivante au chirurgien, ma mère lui dit qu'elle voulait cette opération, même si cela signifiait de renoncer à l'anesthésie. Le chirurgien lui expliqua de nouveau les risques encourus, et dit clairement que le choc de la douleur pourrait suffire à la tuer. Mais ma mère était déterminée à en passer par là. Elle estimait que les épreuves qu'elle aurait à affronter sans l'intervention seraient bien pires que d'affronter la douleur de l'amputation de sa main.

Elle annonça au chirurgien qu'elle était prête à courir le risque, mais qu'elle avait besoin d'une seule chose. Elle voulait emporter dans la salle d'opération le magnétophone et des écouteurs, afin de pouvoir écouter la cassette de Rosemary pendant l'intervention. Normalement, il est impossible de déroger aux règles strictes qui s'appliquent dans un milieu stérile comme une salle d'opération, mais on nous accorda une permission spéciale, en considération de ces circonstances spéciales.

Et le jour J arriva. Ma mère était étendue sur la table d'opération, parfaitement réveillée, ne pouvant recevoir aucun médicament susceptible de l'aider, pas même un sédatif léger, par crainte d'effets négatifs sur sa respiration. Nous avions quatre walkmans alignés côte à côte, de peur que l'un d'entre eux ne fonctionne pas, et les infirmières en placèrent un sur sa poitrine, avec la cassette déjà en place, et posèrent sa main valide sur les boutons de commande. Avant d'installer les écouteurs, le chirurgien lui dit qu'elle pouvait à tout moment réclamer une pause, en levant l'index de sa bonne main, il s'interromprait immédiatement, et attendrait qu'elle soit prête à continuer.

L'opération commença, la cassette tournait, et, comme ils en étaient convenus, le chirurgien prévint ma mère lorsque le moment fut venu de mettre en marche la scie électrique. Ma mère augmenta le volume du son sur le magnétophone, de manière à ne pas entendre le sifflement tandis qu'il lui tranchait le poignet.

Pendant toute l'intervention, qui dura en fait moins longtemps que prévu, juste un peu plus d'une heure, ma mère resta très calme et ne fit aucun bruit : elle ne cria pas de douleur quand le chirurgien trancha dans le vif, scia l'os et sectionna la main; elle n'eut aucune réaction lorsqu'il entama le lent processus consistant à recoudre les nerfs, les tendons et les veines; on aurait dit qu'elle était ailleurs, complètement détachée des événements en cours – presque comme si elle n'était pas là.

L'intervention a pris beaucoup moins de temps que prévu, et a été une réussite parfaite, nous dit Jane, en arrivant à la fin de l'histoire. Et plus tard, quand le chirurgien m'a parlé dans la salle de repos, il m'a demandé ce que ma mère avait écouté. Je lui ai parlé de la cassette de méditation curative, et il répondit que, quel que soit ce document, il le lui fallait, afin qu'il puisse l'écouter lui-même – et l'utiliser aussi, peut-être, à l'intention de ses autres patients.

Mon père est tout de suite allé en acheter quelques exemplaires pour lui et ses collègues. »

Jane nous dit ensuite que sa mère s'était complètement remise de l'opération, et, qu'on le croie ou non, qu'elle avait retrouvé le plein usage de sa main, ce qui eut un impact extrêmement positif sur sa qualité de vie.

La cassette que la mère de Jane avait écoutée pendant l'intervention s'appelle simplement *Voyage vers la guérison* (*A Journey Towards Healing*). L'idée d'enregistrer cette cassette – et par la suite d'en faire un CD – m'était venue, il y a des années de cela, d'une de mes patientes, Wendy, qui souffrait d'un cancer. Elle avait un jour entendu ma voix lors d'une émission de radio, et lorsque par la suite je lui rendis visite, elle expliqua que ce jour-là elle avait passé une très mauvaise journée, et elle avait refusé de se lever parce qu'elle se sentait trop faible.

« Mais quand j'ai entendu votre voix, Rosemary, dit-elle, je me suis sentie tellement mieux, j'ai pu sortir du lit, m'habiller et même faire un petit peu de ménage. En somme, le fait de vous écouter m'a donné de la force. »

En rentrant chez moi un peu plus tard, je m'assis immédiatement en compagnie d'Aigle Gris pour écrire avec lui la méditation que j'enregistrai ensuite sur mon vieux magnétophone, avec de la musique en fond sonore. Je la portai à Wendy le lendemain; elle l'écoutait en boucle : chaque fois qu'elle se sentait mal, ou qu'elle avait peur, me dit-elle, elle allumait le magnétophone et elle mettait la cassette. J'étais sa « couverture de survie ». Elle avait l'impression d'être dans un lieu confortable où elle se sentait en sécurité, où elle pouvait se relaxer, et se retrouver pleinement elle-même; cela lui rappelait l'existence de son propre pouvoir.

J'appris, après le décès de Wendy, qu'elle m'avait légué une petite somme équivalant à environ cent cinquante dollars, ce qui suffisait pour effectuer un enregistrement professionnel. J'enregistrai le texte dans un petit studio, et Wendy – ce qui n'est pas vraiment surprenant –

était là à mes côtés, souriant et orchestrant toute la séance.

Depuis lors, la cassette de « méditation qui guérit », devenue un CD, n'a cessé d'être utilisée dans des maisons de repos et des hôpitaux du monde entier pour venir en aide aux malades ; pour aider ceux qui ont besoin de parvenir au lâcher prise, et de laisser Dieu faire selon sa volonté.

Au fil des ans, j'ai entendu tellement d'histoires de la part de gens de tous horizons, pour qui cette méditation a eu un impact particulier ; j'ai déjà raconté certaines de ces histoires dans mes autres livres ; d'autres restent à écrire ; l'histoire de Jane et de sa mère est simplement un exemple remarquable de plus du pouvoir de guérison.

Je ne sais pas au juste ce qui rend cette méditation sur la guérison si chère à tant de personnes : Wendy y est peut-être pour quelque chose : je sais qu'elle a eu une grande influence sur l'élaboration du CD, et une partie de cette magie vient peut-être de là. Mais il y en a d'autres dont je me souviens – d'autres qui y ont puisé espoir et réconfort : Bob et Angie, Joy, David, Andrew et Margerie... la liste est longue, et elle n'en finit pas de s'étirer, mais je me souviens de chacun d'entre eux.

Ce n'est pas chose fréquente que d'entendre une histoire qui est si incroyable que l'on se demande si elle est réellement vraie. Quand j'ai raconté à ma voisine Dorothy l'histoire de Jane, sa réaction fut de dire que si n'importe qui d'autre que moi lui en avait parlé, elle ne l'aurait probablement pas cru. Mais, comme nous le savons, des miracles presque inimaginables et quasiment incroyables ont lieu chaque jour ; il y a des miracles qui nous émeuvent ; il y a des miracles qui nous rappellent que nous sommes capables d'actes de bravoure stupéfiants ; il y a des miracles qui nous inspirent.

Quoi que vous puissiez penser de l'histoire incroyablement vraie de la mère de Jane, je sais que ce qui est arrivé à cette femme pendant l'intervention chirurgicale était un authentique miracle, et je crois que c'était un extraordinaire miracle de foi.

La décision de la mère de Jane lui valut huit années de vie supplémentaires ; huit ans d'une qualité de vie qu'elle n'aurait jamais eue si elle n'avait pas fait ce qu'elle a fait, d'après sa fille.

« Ma mère est passée dans le monde des esprits en octobre 2009 », m'a dit Jane quand je lui ai parlé au téléphone pour lui demander la permission de citer son histoire, et de revoir ensemble le récit des faits avant de les coucher sur le papier. « Et vous savez, Rosemary, poursuivit Jane, ma mère nous a dit qu'elle était finalement prête à partir. »

Quand je repense à la mère de Jane, ce qui me frappe le plus c'est le courage qu'il a dû lui falloir pour supporter jusqu'au bout l'intervention sur sa main ; le courage qu'il a dû lui falloir pour rester allongée sur ce lit d'hôpital et laisser quelqu'un lui scier la main alors qu'elle était pleinement consciente de ce qui se passait – ce courage est la sorte de courage qu'a eu Daniel quand il refusa de renier le Christ, sachant que ce geste signifierait pour lui d'être jeté dans la fosse aux lions.

Je crois que le courage dont la mère de Jane a fait preuve est un exemple du pouvoir que nous avons tous ; je crois que, si nous avons la foi et si nous nous mettons entre les mains de Dieu, il nous dispensera un miracle après l'autre.

5

Rien qu'un miracle de plus

C'est lorsqu'elle était en Angleterre, en visite chez des amis, que tout a commencé. Le voyage incluait un périple en Italie, qui s'était révélé éprouvant mais merveilleux, suivi d'un séjour de deux ou trois semaines en Angleterre avant le retour aux États-Unis.

Elles étaient quatre : deux amies américaines qui visitaient l'Angleterre pour la première fois, Jane (l'amie chez qui elles séjournaient) – et elle.

Elles s'étaient d'abord dirigées vers la côte, en traversant les collines du Yorkshire, qui sont spectaculaires, et étaient arrivées dans la petite ville côtière de Whitby à temps pour le déjeuner. La ville se vante de servir le meilleur « fish and chips » au monde (un plat de poisson et pommes de terre frites), et c'est absolument vrai. Il y a là un grand restaurant, pas trop hors de prix et où l'on mange très bien, qui donne sur la mer, et par les baies vitrées on aperçoit la jolie jetée où tous les petits bateaux de pêche ramènent au petit matin le contenu de leurs filets.

La ville elle-même est chargée d'histoire, avec son église et son abbaye en ruine en haut de la falaise, dominant la mer. Les petites boutiques du centre-ville vendent une pierre noire, le jais de Whitby, que l'on ne trouve qu'au long de cette côte de l'Angleterre, et qui est surtout utilisée en bijouterie, et il y a aussi la célèbre boutique qui fabrique les petits canards porte-bonheur baptisés « Lucky ducks ». Ce sont des figurines en verre soufflé, fabriquées sur place à la demande. Pour une raison que j'ignore, ces canards sont vendus et expédiés aux quatre coins du monde, et bien sûr les quatre amies voulaient en acheter un comme souvenir de voyage.

Elles quittèrent Whitby pour un autre lieu historique à proximité de là, la ville fortifiée d'York, un temps occupée par les Romains, et dont l'architecture est fabuleuse. Des ruelles étroites pavées de galets, des maisons au toit de chaume, la cathédrale et la vieille tour, les magnifiques ponts et le mur romain lui-même, dont on peut faire le tour à pied, tout cela et bien d'autres choses encore ne vous laissent aucun doute quant aux croyances religieuses très anciennes et quant à l'histoire violente de cette ville.

Elles visitèrent les lieux touristiques, puis firent un peu de shopping, bien sûr, et vers 6 heures, décidèrent qu'elles en avaient assez fait pour la journée. Le temps était hivernal, on était à la fin octobre, pour être plus précis, le vent commençait à souffler, et une pluie fine s'était mise à tomber. Heureuses et pleines d'entrain, les quatre jeunes femmes coururent sous la pluie en direction d'un hôtel réputé pour ses terrines de charcuterie, leur avait-on dit. Dès leur entrée, elles furent accueillies par une bouffée d'air chaud et convivial et une charmante atmosphère de confort feutré.

Elles commandèrent des boissons, et de la terrine avec du pain grillé. Mais à peine avaient-elles avalé une ou deux bouchées que l'une d'entre elles éprouva une sensation un peu bizarre. Elle se leva, car elle ressentait une petite douleur au côté et elle massa quelques instants la zone endolorie. La douleur était à peine perceptible. Peut-être fallait-il simplement faire un saut aux toilettes, se dit-elle, en se dirigeant vers les toilettes des dames, situées à l'autre extrémité du hall. En y entrant, par automatisme, elle ferma le verrou, juste au moment où son amie Pam, qui l'avait suivie, lui disait de ne pas verrouiller la porte. Mais à présent, elle perdait un peu pied, la douleur empirait. Tout en arpentant l'espace des toilettes, avec cette douleur au ventre à la fois familière et déroutante, elle massait la zone douloureuse, espérant que cela allait passer. Au bout de quelques minutes, elle ouvrit la porte. Pam était là à attendre, une expression inquiète sur le visage.

« Je crois que j'ai un problème », réussit-elle à dire, avant de s'effondrer dans les bras de son amie. Pam la rattrapa, mais emportée par le poids, elle tomba avec elle. Heureusement, dans l'intervalle, Jane et Mary Ann les avaient rejointes et à elles trois elles réussirent à l'asseoir sur une chaise. Pam alla chercher de l'aide auprès du personnel de l'hôtel, mais à son retour, la situation semblait s'être aggravée. Elle vomissait abondamment, frissonnant de froid et claquant des dents un instant, et l'instant d'après, suant à profusion, sa température montant en flèche. Incapable de tenir des propos cohérents, au bord du délire, glacée, puis brûlante, puis de nouveau glacée, elle tressaillait, claquait des dents, transpirait, tout en continuant à vomir. Et la douleur diffuse s'était transformée en douleur si intense, si dévastatrice qu'elle lui arrachait des cris.

L'ambulance fila jusqu'à l'hôpital. Lorsqu'elle arriva, les vomissements avaient cessé, mais la douleur insidieuse semblait empirer. Dans un coin de son esprit, elle savait ce qui se passait, et elle savait qu'elle avait de la chance d'avoir résisté si longtemps.

Ses opérations remontaient à quarante ans en arrière : quarante ans depuis qu'elle avait ressenti les mêmes douleurs qu'aujourd'hui, et une partie d'elle-même était prête à accepter ce qui était en train de se passer.

Lorsqu'on la sortit de l'ambulance, la première chose qu'elle entendit fut le cri d'angoisse de l'homme qui était au téléphone, à l'entrée de l'hôpital. « Elle est morte, elle est morte », sanglotait-il, et en même temps, tandis qu'on la transportait en brancard dans le hall, elle entendait des cris terribles provenant d'une des salles d'urgence, et même s'il lui était impossible d'enregistrer grand-chose, elle savait que là, quelqu'un venait de mourir, et qu'une famille endeuillée était en détresse. S'il y avait une voix qu'elle connaissait bien, c'était celle du chagrin.

En sueur et claquant des dents, elle fut finalement admise dans un service où on l'allongea sur un lit et où on lui fixa une sonde, prête pour la morphine, en essayant de l'installer aussi confortablement que possible – en vain.

Avant de pouvoir lui administrer un traitement antidouleur, on l'emmena effectuer des analyses ; puis on attendit. Les infirmières étaient merveilleuses et pleines d'empathie, mais se sentaient elles-mêmes inutiles. Elles voyaient bien l'intensité de sa souffrance, mais tant que le médecin ne l'avait pas examinée et prescrit la morphine, elles ne pouvaient rien faire.

La salle des urgences était dans un chaos total, tous les médecins s'affairaient autour des victimes d'un accident, dont l'une était déjà décédée ; d'autres étaient dans un état critique. Ces gens-là avaient plus besoin d'attention qu'elle ; elle savait, quelque part dans un coin de sa tête, qu'elle devait absolument faire cesser cette douleur, qui, sinon, allait la tuer.

Allant chercher au plus profond d'elle-même, elle commença à s'échapper de son corps. Elle se déplaça lentement tout d'abord, puis, avec un certain désespoir, plus rapidement, elle se mit en quête du lieu où elle savait qu'elle serait en sécurité. Tout en psalmodiant la prière qui la ferait aller de l'avant, elle se sentit partir vers la lumière, et elle laissa la douleur derrière elle, pour arriver enfin dans le lieu qu'elle cherchait.

Il était là, il l'attendait, comme elle l'avait anticipé, et il lui prit doucement la main pour l'attirer vers lui. Des larmes de soulagement coulaient sur ses joues ; elle se savait en lieu sûr à présent ; la douleur avait disparu, et elle était rentrée au bercail.

Combien de temps elle resta là, elle n'en savait rien, mais le temps suffisant pour prendre conscience du pouvoir qui était en elle, le temps suffisant pour récupérer les forces nécessaires pour affronter ce qui se profilait à l'horizon, car elle savait qu'elle allait revenir et que ce serait effectivement terrible.

Finalement, elles quittèrent l'hôpital avec tout un arsenal de pilules antalgiques. Le trajet en voiture fut rude, mais la douleur était supportable à présent, et elle avait suffisamment de médicaments pour tenir jusqu'à son retour aux États-Unis, où elle ferait des radios, des scanners, des analyses de sang et autres tests divers.

Elle consulta un spécialiste après l'autre, et finalement un chirurgien.

De nombreux amis et membres de sa famille s'offrirent comme donneurs ; la candidature la plus évidente était celle de sa fille, qui était la plus compatible, mais heureusement on n'en arriva pas là.

Des mois, une année, puis deux années s'écoulèrent. Elle passait parfois plusieurs jours sans souffrir, puis brusquement, sans prévenir, elle tombait à genoux. Les médicaments l'aidèrent, puis ils en vinrent à trop l'aider, et quand elle s'efforça de diminuer les doses, elle se sentit comme une droguée : elle tremblait, la sensation de nausée persistait, et quoi qu'elle fasse, elle n'arrivait pas à dormir.

Chaque jour, elle essayait de garder en mémoire son pouvoir, et chaque jour elle essayait de vivre, mais c'était dur. Seule sa foi la soutenait ; mais à certains moments, elle avait envie de tout laisser tomber.

Et puis, quand elle pensait que rien de pire ne pouvait lui arriver, et après avoir une fois de plus séjourné à l'hôpital, elle découvrit que son assistante avait détourné tous ses biens ; que, pendant sa maladie, elle avait profité de la situation, et lui avait volé tout ce qu'elle possédait, son argent, l'argent de son assurance, ses bijoux et, pis encore, était partie en laissant de grosses dettes.

Le cauchemar s'aggrava, et pendant un temps qui lui parut très long – deux ans – l'univers s'assombrit.

Au début, elle n'arrivait pas à travailler, ce qui était peut-être la chose la plus dure pour elle, car elle s'était toujours débrouillée pour garder la main sur cette partie-là de sa vie, quoi qu'il puisse se passer par ailleurs. Se rendre compte qu'elle avait perdu foi en ses capacités l'anéantit. Mais à mesure que les mois, puis la première année passèrent, elle devint plus forte dans son travail, lorsqu'il s'agissait d'aider les autres et de soutenir son enfant. Malgré tout, quand elle était seule, et même si elle savait n'être jamais véritablement seule, elle se sentait faible et fragile. Épuisée par l'interminable bataille qu'était devenue sa vie quotidienne, elle dissimulait aux regards du monde son être véritable.

Elle avait parfaitement conscience que d'autres qu'elle dans le monde vivaient des épreuves bien pires, pourtant cela ne changeait rien au fait que sa vie s'effondrait de toutes parts. Elle avait perdu toute estime de soi, perdu sa confiance, son aptitude à rire – qu'elle avait toujours gardée jusqu'ici – et elle avait perdu foi en elle-même.

Un matin de bonne heure, 5 h 30, elle fit un rêve insolite.

Elle savait, peu importe comment, qu'elle avait rejoint l'Angleterre en avion, en provenance des États-Unis, et elle se voyait dans ce rêve en train de descendre une rue en compagnie d'une amie. Elles discutaient de ce qui lui était arrivé; elle évoqua les bijoux et l'argent volés, et la question de savoir si oui ou non la voleuse irait en prison.

« As-tu vu mon père? demanda-t-elle soudain, j'ai vraiment envie de le voir pendant mon séjour ici.

— Tu n'as qu'à aller à la gare, je crois que tu l'y trouveras », répondit l'amie.

Sans transition, elle se retrouva dans un lieu ressemblant à un grand terminal d'aéroport ou à une immense gare, où une foule grouillante s'agitait en tout sens. Elle se fraya un chemin à travers la foule pour accéder à un bureau de renseignements où étaient en faction deux femmes en uniforme.

« J'essaie de retrouver mon père », dit-elle, expliquant que même si, comme elle le croyait, il était occupé, elle avait fait le voyage depuis les États-Unis pour le voir et que c'était vraiment important.

« Comment s'appelle-t-il? demanda l'une des femmes, avec un sourire aimable.

— Il s'appelle William Edwards... Bill[1]... le sergent Edwards, bégaya-t-elle nerveusement, ne sachant plus très bien sous quel nom le désigner. Je suis sa fille.

— Ah mais oui, dit l'autre femme d'un ton jovial, je connais Bill. Je vais voir si je peux vous le trouver. Je ne sais pas s'il est ici aujourd'hui, mais je vais vérifier. Attendez donc par là-bas », dit-elle en désignant un long comptoir à l'autre bout de la salle.

Elle s'exécuta et alla s'asseoir sur un tabouret au comptoir, les yeux rivés sur l'endroit que venait de quitter la femme, essayant de la suivre à travers la foule compacte. Elle n'avait pas vu son père depuis longtemps et elle espérait être à même de le reconnaître.

Et soudain le voilà, debout là-bas dans l'autre coin, portant l'uniforme qu'elle connaissait si bien. Toujours militaire! Toujours dans l'armée! Il se dirigeait vers elle. Au début, tout sembla se passer au ralenti, et tout à coup voilà qu'elle était dans ses bras – il resserrait son étreinte, et elle pleurait la tête sur son épaule, elle le prenait dans ses bras, oui, et il lui disait que tout allait bien se passer. En entendant ses mots et le son de sa voix, elle laissa libre cours à toutes ses émotions réprimées, et elle pleura sans retenue tandis qu'il l'étreignait encore plus fort. Ils restèrent ainsi un long moment, et lorsqu'elle cessa de pleurer, elle ouvrit les yeux pour pouvoir mieux le voir.

Sortant du rêve, elle se retrouva assise dans son lit, réveillée à présent, mais toujours accro-

1. Bill est le diminutif habituel du prénom William. *(N.d.T.)*

chée en pensée à la veste de son papa, et elle se rendit compte que quelque chose ne cadrait pas : sa veste lui semblait trop rugueuse au toucher, comme du tweed. C'est alors qu'elle remarqua le petit motif écossais du tissu, et tandis qu'elle sentait, l'espace d'un dernier instant magique, les bras de son père l'étreindre, il lui vint à l'idée qu'il n'était plus en uniforme.

Elle secoua la tête et garda ses paupières closes, s'accrochant de toutes ses forces à son père ; bien qu'étant à présent parfaitement réveillée, elle savait qu'elle avait dû rêver, car son père était mort depuis trente-cinq ans, et pourtant, elle sentait encore la douceur et la chaleur de son étreinte. « Ne t'en va pas, ne pars pas. Ne me laisse pas toute seule », criait une voix dans son esprit... mais avant qu'elle ait pu prononcer un mot, son père était parti.

Elle repensa toute la journée à la visite de son père. Bien sûr, elle savait que des choses de ce genre pouvaient arriver, elle n'en était pas à sa première expérience, et au fond de son cœur elle savait que c'était vrai, mais elle se posait tout de même des questions. Et si elle avait juste imaginé la scène, simplement parce qu'elle avait tellement besoin de lui ? Et pourquoi portait-il une veste qu'elle n'avait jamais vue auparavant ? Qu'est-ce que tout cela voulait dire ?

Plus elle y songeait, plus elle se polarisait sur la veste. Elle était suffisamment informée de ce genre d'expériences pour savoir que, si la sienne était authentique, le moindre détail comptait et devrait lui parler.

Et brusquement, tout lui revint : cette veste, elle l'avait déjà vue, des années auparavant, alors qu'elle était encore mariée. Son mari l'avait un jour donnée à son père, parce que chaque fois que ce dernier voyait son gendre la porter, il disait qu'il aimerait bien avoir la même, et il la portait donc chaque fois que l'occasion se présentait.

Elle eut un petit rire en se souvenant des manœuvres de son père pour persuader son gendre de lui donner la veste. Elle sourit en revoyant son père essayer la veste avec ces mots : « Elle me va comme un gant. » Elle se mit à rire en se souvenant que tout lui était prétexte à enfiler cette veste… et elle se rendit compte qu'elle avait recommencé à rire, et cette fois-ci, elle ne faisait pas semblant !

Ce rêve était réel, bien sûr. Elle s'en rendait compte. Bien sûr que son père lui avait rendu visite. Comment aurait-elle pu en douter un seul instant ? La veste était sa preuve, le témoignage du fait qu'il ne s'agissait pas d'un rêve, mais d'une réalité. Son père lui avait remis en mémoire un petit détail de sa vie, un moment de joie, de gaieté, un souvenir du passé ramené à la vie, et ce souvenir la ramenait, elle aussi, à la vie. Elle était de nouveau capable de sourire, capable de rire.

À présent, elle essaie chaque jour de se remémorer son pouvoir, et elle essaie chaque jour de le vivre, mais c'est dur. Seule la foi la soutient, ainsi que l'amour de ses amis et celui de sa fille ; mais la tentation d'abandonner lui vient parfois.

Et lorsqu'elle se croit confrontée au pire, elle se remémore la sensation des bras de son père autour d'elle, la serrant très fort. Elle se souvient de la sensation de réconfort, elle se souvient de son amour, du son de sa voix. Elle se souvient de la fierté avec laquelle il arborait cette veste, et c'est plus fort qu'elle... elle sourit.

Son assistante est actuellement en prison ; le cauchemar est à son zénith, et va encore durer longtemps, mais l'horizon est un peu plus clair désormais.

Elle se sent forte vis-à-vis de son travail ; forte vis-à-vis des autres ; forte lorsqu'elle s'efforce de soutenir son enfant, qui a été très affectée par les épreuves que sa mère a dû traverser, mais quand elle est seule – et même si elle sait n'être jamais véritablement seule, et même si elle se sent parfois faible et fragile, et épuisée par cette interminable lutte que représente une vie chaque jour en butte à des aléas nouveaux, elle est de nouveau capable de sourire, de nouveau capable de rire.

Elle est parfaitement consciente du fait que d'autres dans le monde vivent des épreuves pires que les siennes – d'autres qui ont le sentiment qu'autour d'eux tout s'effondre, d'autres qui ont sans doute à lutter pour s'accrocher à leur foi. Elle sait que la vie peut être dure pour chacun d'entre nous.

Voilà pourquoi elle croit qu'il est important de croire aux miracles.

Voilà pourquoi elle croit qu'il est important pour nous d'être à même de reconnaître tous les petits miracles qui émaillent notre vie.

Voilà pourquoi elle a écrit ce livre d'histoires merveilleuses, qui sont autant de sources d'inspiration : c'est parce qu'elle *sait*.

Je sais ! Je sais ! Je sais que nous avons grand besoin d'écouter ces histoires, et grand besoin aussi qu'on nous remette en mémoire ces miracles.

Ma vie est toujours chaotique, et je sais qu'elle le sera encore pendant longtemps, et que je n'ai guère de prise sur cette situation. Mais à présent je sais de nouveau rire. Je souris de nouveau à toutes les petites choses de la vie, et je sais apprécier tous les événements miraculeux qui ont lieu chaque jour.

Je sens encore les bras de mon père me serrer très fort, je sens encore le contact rugueux du tweed contre ma joue.

Quand je repense à ce jour affreux en Angleterre où je me suis effondrée, je ressens encore ce sentiment de réconfort et de sécurité lié au fait de savoir Aigle Gris présent à mes côtés. Je me souviens de mon soulagement lorsqu'il tenait ma main quand j'étais si malade et qu'il me gardait, à l'abri dans ce lieu rassurant. J'ai encore en mémoire ses paroles – dont je me souviendrai jusqu'à mon dernier jour et que je voudrais aujourd'hui partager avec vous.

« Rien ne sert de partir à la recherche de ceux qui vous aiment et qui résident à présent auprès de Dieu, disait mon guide, rien ne sert de vouloir découvrir le lieu que vous croyez être notre demeure. Car nous trouvons abri partout où vous êtes. Nos bras vous entourent en permanence. Le ciel, le paradis, n'est autre que le toit qui couvre votre tête, et le lieu où vous êtes est celui-là même que nous partageons avec vous pour toujours. »

ÉPILOGUE

Ce livre est un livre de miracles, certains petits, d'autres grands, voire immenses. Chacune de ces histoires est le fidèle reflet de mes souvenirs et du souvenir de ceux qui étaient alors auprès de moi. Ces récits nous prouvent que ceux qui nous sont chers restent constamment présents dans notre vie, nous ne pouvons jamais perdre ceux que nous aimons ; ils nous guident, nous attendent quand le moment est venu pour nous de partir, nous protègent s'ils le peuvent : ce sont de précieux miracles !

Chaque jour nous recevons des signes – en provenance de l'univers, de Dieu, de ceux qui nous aiment et veillent sur nous. Les miracles se font de plus en plus nombreux ! Quels sont ces signes qui nous disent que nos anges, ou nos chers disparus, sont présents et proches de nous ? Si je doute, ou quand Aigle Gris veut me faire savoir qu'il est là, tout près, il m'envoie des plumes. Elles surgissent parfois comme par magie à mes pieds lorsque je marche dans la rue ; je les découvre souvent quand je suis en quête de quelque chose à comprendre.

Les papillons, les pièces de monnaie, les libellules ou certains oiseaux peuvent être qualifiés de symboles de pouvoir : ce sont des signes qui nous rappellent que nous avons le pouvoir d'être et de faire pratiquement tout ce que nous voulons. Ils sont un peu comme nos animaux de pouvoir, qui nous rappellent que nous sommes capables de changer d'attitude, de devenir plus courageux, plus sûrs de ce que nous sommes ; ils nous incitent à la puissance. Lorsque nous sommes perturbés ou tristes, nerveux ou indécis, le simple fait de visualiser un symbole ou un animal de pouvoir nous remet en mémoire notre propre pouvoir, nous rappelle que nous ne sommes pas désarmés, nous incitant à la bravoure.

Le monde des esprits peut aussi nous envoyer des signes tels qu'une lampe qui se met à clignoter, une montre qui s'arrête ou une odeur familière surgie de nulle part. Je me souviens d'un soir, il n'y a pas très longtemps ; j'étais endormie, puis je me suis à demi réveillée et retournée dans mon lit. C'est à ce moment-là que j'ai senti l'odeur de la lotion capillaire de mon père – il est le seul que je connaisse à utiliser cette marque. J'ai souri dans un demi-sommeil, sachant que mon père était là, dans la chambre, avec moi.

Nous sommes tous capables, si nous restons ouverts et sensibles à leur venue éventuelle, de reconnaître les signes venus du monde des esprits, et quand effectivement nous les identifions, ils nous insufflent immanquablement une inspiration, une force, par des voies surprenantes et miraculeuses.

Nous avons souvent tendance à ruminer nos problèmes, au lieu de nous asseoir, de faire le vide dans notre esprit et d'avoir foi en une solution. Il est plus simple de dire : « Et si… » ou, pis encore, d'imaginer les pires scénarios, que de s'abandonner à la volonté de Dieu et d'être convaincus qu'elle sera favorable. C'est parfois tellement plus facile de voir tous les côtés négatifs de la vie et d'oublier ou d'ignorer ses aspects positifs.

Je parlais récemment à une de mes amies qui avait perdu son mari et son fils de huit ans dans un accident de voiture, quelques années auparavant ; l'anniversaire de leur mort était proche.

« Considère cette date comme un jour de fête, lui suggérai-je, car pour eux c'en est justement un. » Je lui ai ensuite rappelé la chose suivante : « Lorsque Dieu nous prend quelque chose, Il nous rend toujours autre chose en échange. » Je lui proposai donc de faire une liste de toutes les bonnes choses, les bénédictions et les miracles qu'elle avait reçus depuis cette tragédie. Elle me sourit, comprenant que ce que je disais était précisément ce qu'elle avait besoin d'entendre, et elle commença à dresser une liste – qu'elle appelle sa liste de miracles.

Il y a une chose que nous pouvons tous faire : encourager ces miracles quotidiens que nous désirons tant et dont nous avons tant besoin. Tous les matins, dans votre salle de bains, regardez-vous dans la glace et accordez-vous un instant – le temps de vous souvenir que vous êtes par nature un être spirituel en quête de connexion avec l'univers, avec tout ce qui est d'ordre spirituel, et rappelez-vous qu'aujourd'hui vous devez être vigilant, à l'affût des signes transmis par le monde des esprits. Cela vous rendra automatiquement plus ouvert et plus attentif.

Le soir, avant de vous coucher, prenez le temps de vous asseoir quelques instants, bloc-notes et crayon en main, et réfléchissez aux événements de la journée. Puis posez-vous les questions suivantes :

1. Qu'ai-je ressenti aujourd'hui ?
2. Qui m'a paru être présent à mes côtés ?
3. Que m'a dit ma voix intérieure ?
4. Quel degré d'attention ai-je porté à ma nature instinctive ?

Si vous faites cet exercice chaque jour, vous remarquerez au fil du temps que vous vous sentez de plus en plus en phase avec vos instincts, vous percevrez de mieux en mieux la réalité de ce que vous êtes – à savoir une partie intégrante de l'univers et l'incarnation de cette incroyable force divine.

Dieu vous bénisse tous.

REMERCIEMENTS

De tout ce que je dois écrire, les remerciements sont de loin le plus difficile. Voici donc venu le moment où j'ai l'occasion de remercier tous ceux qui m'ont aidée dans mon travail, et en particulier pour ce livre ; mais la difficulté réside toujours dans la question de savoir qui inclure dans la longue liste de noms, dans toute cette profusion de noms – ceux de toutes les personnes, tant dans ce monde que dans celui des esprits, dont la bienveillance et le soutien ont rendu possible l'élaboration de ce livre.

Mes premiers remerciements vont aux merveilleux collaborateurs de ma maison d'édition, Sperling and Kupfer – et tout d'abord à sa nouvelle directrice, Ornella Robiati, que je n'ai pas encore rencontrée, mais qui m'a beaucoup soutenue, ainsi qu'à ma collègue et amie Stefania De Pasquale, qui m'a accompagnée dès le début de mes travaux en Italie, et à la secrétaire et aux membres du service de presse ; à tous les responsables commerciaux et à ceux qui se sont chargés de la tâche ardue qu'est la publicité, et à tous ceux et celles qui ont durement travaillé dans l'ombre – et dont la discrétion même les rend d'autant plus précieux à mes yeux.

J'aimerais remercier mon public – tous ceux d'entre vous qui m'ont encouragée et soutenue en achetant et en lisant mes livres. Je sais qu'il est impossible de plaire tout le temps à tout le monde, mais l'amour et l'accueil que m'a accordés le public italien au fil des ans ont dépassé toutes mes attentes, et je lui en suis infiniment reconnaissante.

Lorsqu'on est sur scène, que les projecteurs s'allument, et que le rideau se lève, le public ne voit que la star, les applaudissements ne s'adressent qu'à la star, et l'auditoire voit rarement plus loin que cela. Mais en tant que star – certes, de modeste envergure – et pour avoir fréquenté quantité de scènes, je peux vous dire que sans le menuisier qui a construit la scène, sans le cameraman et l'éclairagiste, sans le machiniste qui lève le rideau, sans les guichetiers qui vendent les billets et les placeuses qui nous indiquent notre place, il n'y aurait ni séance, ni star, ni scène. Tant de personnes, que l'on voit rarement, travaillent en coulisse, et ont contribué, de multiples façons discrètes, à ma réussite en tant qu'écrivain, même s'il m'est impossible de les nommer toutes, je les remercie du fond du cœur de tout ce qu'elles ont fait pour moi.

Mais je m'égare… je sais bien que, dans quelque ouvrage que ce soit, l'espace assigné aux remerciements est limité, or la liste de ceux que j'aimerais remercier est sans fin, et je pourrais l'allonger encore et encore… mais il est une personne qui doit être nommée – la plus importante, la plus chère à mon cœur.

Carla Tanzi est une véritable icône, une femme italienne à qui nul ne peut contester son rôle de premier plan. C'était une travailleuse infatigable, et un être humain généreux qui a tout donné à sa maison d'édition et à ses collègues. La force qu'elle a manifestée à travers ses épreuves, son courage et son engagement ont inspiré tous ceux qui ont travaillé à ses côtés. Lorsqu'elle croyait en quelque chose, elle se battait bec et ongles, allant souvent à l'encontre de sa direction et de ses opposants, même si elle savait qu'elle allait perdre. C'était une championne aux yeux de tant de monde ; elle l'était à mes yeux ; elle l'est encore, et j'ai énormément d'affection pour elle.

« Tu me manques, ma chère Carla, mais j'espère pouvoir, bientôt, te rendre visite ; je suis si impatiente de te serrer dans mes bras. »

TABLE

Première partie
LA VOIX DE DIEU

Deuxième partie
MON GUIDE EST NOTRE GUIDE À TOUS

Troisième partie
RECUEIL DE CAS

Quatrième partie
DES HISTOIRES VENUES D'ITALIE

Cinquième partie
OUI, LES MIRACLES EXISTENT !